国家图书馆古籍修复案例丛书

国家图书馆三件早期雕版印刷佛经修复与保护

国家图书馆古籍馆 编

陈红彦 谢冬荣 萨仁高娃 主编

胡 泊 执行主编

国家图书馆出版社

图书在版编目（CIP）数据

国家图书馆三件早期雕版印刷佛经修复与保护 / 国家图书馆古籍馆编 . —北京 : 国家图书馆出版社，2019.6

（国家图书馆古籍修复案例丛书）

ISBN 978-7-5013-6664-4

Ⅰ . ①中… Ⅱ . ①国… Ⅲ . ①木版水印—佛经—图书保护—修复 Ⅳ . ① G253.6

中国版本图书馆 CIP 数据核字（2019）第 051002 号

书　　名　国家图书馆三件早期雕版印刷佛经修复与保护
著　　者　国家图书馆古籍馆　编
责任编辑　南江涛
封面设计　程春燕

出版发行　国家图书馆出版社（北京市西城区文津街 7 号 100034）
（原书目文献出版社　北京图书馆出版社）
010-66114536　63802249　nlcpress@nlc.cn（邮购）
网　　址　http://www.nlcpress.com
排　　版　徐新状
印　　装　北京金康利印刷有限公司
版次印次　2019 年 6 月第 1 版　2019 年 6 月第 1 次印刷

开　　本　710 × 1000（毫米）　1/16
印　　张　9.5
书　　号　ISBN 978-7-5013-6664-4
定　　价　78.00 元

编委会名单

目 录

穿越千年，大国工匠妙手仁心延续文脉

——写在三件早期雕版印刷佛经修复案例出版时

2015年，在党和政府的关怀下，在文化部、财政部、国家文物局的支持下，在本馆各部处通力配合下，三件国宝级文献入藏国家总书库，分别是五代后唐天成二年（927）刻本《佛说弥勒上生经》、晚唐五代刻本《金刚般若波罗蜜经》、五代北宋刻本《弥勒下生经》。

天成二年刻本《佛说弥勒上生经》是继唐咸通九年（868）《金刚般若波罗蜜经》之后，世界上现存有明确纪年的第二早雕版印刷典籍，为我国境内现知最早的雕版印刷实物；李仁锐雕印《金刚般若波罗蜜经》，虽无具体雕版印刷年款，但据经典中加入的出现于晚唐的“众生段”，判断此经雕刻印刷时代应在晚唐至五代初期；《弥勒下生经》，通卷背保留了五代写本文书，据其上乾祐、广顺年号，推测雕版印刷的时间应该在五代后期至北宋初期。

国家图书馆作为国家总书库，其善本特藏上起殷商甲骨，下至近现代名家手稿，有近300万册件的海量收藏。其中存5—11世纪敦煌写本16579件，宋元刻本1700余部。但作为被称为文明之母的印刷术的故乡，目前存世最早的印刷品——敦煌藏经洞出土的唐咸通九年（868）《金刚般若波罗蜜经》由于历史原因现藏遥远的英国国家图书馆，而中国的国家收藏中有确切纪年的早期印刷品有所缺失。此三件文物的入藏，在早期印刷技术和纸张使用的认识等诸方面，具有重要价值。三件刻本中的天成二年刻本《佛说弥勒上生经》与咸通九年（868）《金刚般若波罗蜜经》相去 59 年，是中国境内有确切纪年的存世最早的印刷品，恰可上承唐写本，下接宋元刻本，于中国古代书籍史，可承上启下，其入藏极大地提升了国家总书库的馆藏质量。

令人痛心的是，三件早期印刷品入馆之初，破损极为严重，处于急需抢救的状态。对其进行修复时，以何种理念采取何种修复方案和技术手段，达到最为理想的修复效果，具有重要意义。

国家图书馆早在京师图书馆时期，就配备了文献修复人员。1949—1965 年，《赵城金藏》全面修复，让残破的国宝级珍贵文献获得新生，其后敦煌遗书、《永乐大典》、西夏文献、天禄琳琅旧藏陆续得到修复。2007 年 1 月，国务院办公厅发布《关于进一步加强古籍保护工作的意见》，在全国大力实施“中华古籍保护计划”，同年，国家古籍保护中心在国家图书馆挂牌，国家图书馆的职能得以拓展，承担组织全国古籍保护的使命，国家图书馆的古籍修复更是进入新的高速发展期。2008 年，国家图书馆古籍修复技艺入选第二批国家级非物质文化遗产名录。2009 年，国家图书馆文献修复组被文化部确定为“国家级古籍修复中心”，2012 年，国家图书馆古籍修复师杜伟生先生入选第四批国家级非物质文化遗产项目古籍修复技艺代表性传承人，2013年6月，文化部委托国家图书馆成立了“国家图书馆古籍修复技艺传习中心”，2014年，国家图书馆文献修复组被中组部、中宣部、人力资源和社会保障部、科技部联合授予第五届“全国专业技术人才先进集体”，文献修复组朱振彬、刘建明先后被中组部、中宣部、人力资源和社会保障部、科技部联合授予第十二、十三届“全国技术能手”称号。2015年，国家图书馆文献修复组获得国家文物局可移动文物修复资质。

2015年，国家图书馆古籍保护实验室挂牌“古籍保护科技文化部重点实验室”，科学的检测、标准的制定，从经验到科学，文化与科技融合，国家图书馆的文献修复保护厚积薄发，让古籍修复这一古老的技艺在中华传统文化的传承中发挥更大的作用。

三件早期印刷品入馆之前，“古籍保护科技文化部重点实验室”已开展相关检测，获得相关数据。入藏国家图书馆后，古籍馆根据馆统一部署，组织古籍版本专家与修复专家共同商讨修复方案，解决技术难题，在本馆佛经类文献修复经验和技术基础上，针对三件早期刻本的特殊性开展修复保护工作，目前已高质量完成两件珍品的修复。《弥勒下生经》背面通卷裱补，内夹通篇文书，修复需要更加深入的研究和更新的科技手段介入，本着科学的态度，其修复暂缓进行。

2018年1月1日，《公共图书馆法》正式实施，第二十二条特别明确国家设立国家图书馆，主要承担国家文献信息战略保存、国家书目和联合目录编制、为国家立法和决策服务、组织全国古籍保护、开展图书馆发展研究和国际交流、为其他图书馆提供业务指导和技术支持等职能。国家图书馆承担的古籍保护责任因此更加明确，恰好古籍馆三件早期印刷品基本修复完成，将研究文稿和纸张分析、修复路线确定、修复工作的实施等全部修复保护过程作为古籍修复案例，诉诸文字，公诸于世，旨在与业界分享，互相促进，提升古籍修复的学术含量和科技水平，推动古籍保护工作更加科学化、规范化，更好地履行国家图书馆在古籍保护方面的职责。

谨此修复案例出版之际，我真诚地感谢对三件早期印刷品的征集给予关怀的党和国家领导人，感谢提供支持的文化和旅游部、财政部、国家文物局等领导机构，感谢北京保利拍卖公司的配合，感谢参与此事并为研究、保护、修复、拍摄等工作付出心血的所有专家和同仁。此次修复工作再次显示修复与研究的跨界联合，传统手艺与现代科技的有机融合的创新活力。大国工匠，在新的时代让古老的技艺以新技术、新模式传承文明，服务社会，以其妙手仁心延续中华文脉，让世界记忆在不断延续中得到永恒。

韓永進

（国家图书馆原馆长　国家古籍保护中心原主任）

第一章　国家图书馆藏三件早期雕版印刷佛经研究

1900年，在甘肃省敦煌县莫高窟藏经洞发现唐懿宗咸通九年（868）雕版印刷《金刚般若波罗蜜经》（简称《金刚经》），是世界范围内有明确纪年最早的雕版印刷典籍。可惜的是，这件早期雕版印刷实物，存放于英国国家图书馆，国内大部分研究者见不到，更提不上深入研究（图1-1）。

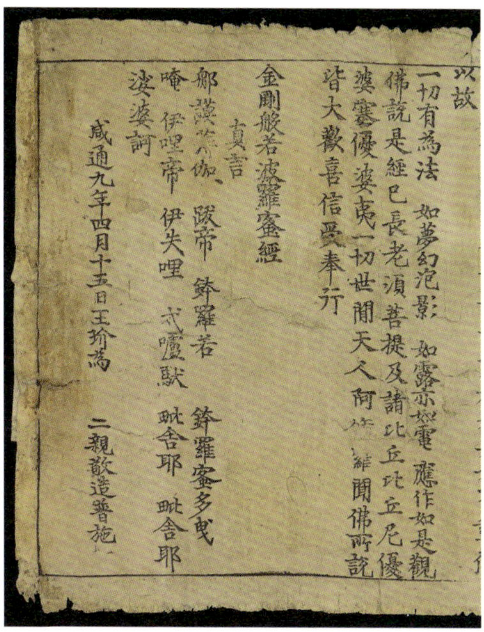

图1-1　咸通九年（868）印《金刚般若波罗蜜经》（摘自国际敦煌项目网站）

在雕版印刷术发明的故乡，早期雕版印刷品存世极少，且多为随葬用小型单张陀罗尼咒。这种经咒绝大部分既无明确纪年，又缺乏更多雕版印刷信息，不能反映早期雕版印书的整体状况，极大地限制了对早期雕版印刷史的研究，不能不说是一件憾事。

2014年，北京保利国际拍卖有限责任公司从民间征集到三件晚唐五代至北宋初年的雕版印刷品，其中《观弥勒菩萨上生兜率天经》（简称《弥勒上生经》）一卷，为五代后唐天成二年（927）刻本，其他两件，雕版印刷年代也在晚唐至北宋早期之间。2015年，这三件早期雕版印刷品入藏国家图书馆。

天成二年雕版印刷的《弥勒上生经》，其雕版印刷年代较咸通九年《金刚经》晚59年，在现存有明确纪年的雕版印刷品中排列第二，是目前国内最早有明确纪年的雕版印刷典籍。其他两件的雕版年代，亦在晚唐至宋初之间。这三件典籍，构成一组早期雕版印刷典籍实物标本，在世界印刷史上实属罕见，对研究早期雕版印刷的技术、工艺、典籍版式、装帧装潢，乃至文献流变、社会文化信仰传播等各方面，具有特别重大的价值和意义。

要说清楚这三件早期雕版印刷典籍的文物价值，必须从雕版印刷术的概念、起源及发展过程讨论，分析其特点。

一、雕版印刷术的起源

有关中国古代雕版印刷术起源问题，学术界讨论的内容非常广泛，涉及许多学科领域，包括：史料的挖掘与诠释、早期印刷物的发现与研究、雕版印刷技术的社会背景和工艺等等。迄今为止，上述所有问题的讨论，分歧依然较大。

其实，中国雕版印刷术的起源，必然是一个漫长过程，并非一朝一夕出现的。如果单从技术方面而言，这个过程，可以粗略地概括为三个阶段：雕版技术的出现、雕版印刷的技术改进、雕版印刷书籍的成熟。这中间必定要经过很长时间各种技术和工艺的反复改进。中国古代雕版印刷术的历史，正是上述三个阶段从出现到成熟的过程。国家图书馆收藏的这三件早期雕版印刷典籍的价值和意义，正是要在这个过程中得到认识，换言之，就是这三件，尽管同属于雕版印刷典籍的“早期”，但是，它们在“早期”的哪个位置阶段，则要详细分析各自的特征。

（一）雕版印刷产生阶段

雕版印刷术的前提，首先要有“雕版”，它是文字和图案的载体。

学术界一种观点认为，中国古代雕版印刷术的起源，与印章和捶拓有密切关系。这个观点，得到不少研究者的认可。持这个学说的最重要代表人物是卡特（T.F.Carter）。

卡特在《中国印刷术的发明和它的西传》中说道："汉文中的'印'字，兼具印章和印刷两层意思；这一点是很有启发性的。"又在叙述汉唐时代盖章钤印时说："这种摹印的方法，自然就发展成为雕版印刷。把印章用颜色印在纸上和用雕板印刷，两者性质上并无太大的差别。印章的径寸较小，目的在于取信；而雕版印刷则尺寸较大，目的在于制造复本。在中国印刷术中，始终没有完全消失印章的取信的原意。"[1]尽管印章的尺寸较小，然而在卡特看来，捺印的方式与雕版印刷的原理是相同的。

关于捶拓，卡特认为："这种方法，和雕版印刷性质相同，所异者，碑帖上的字是内凹的阴文，而雕刻则呈外凸的阳文。"

卡特的雕版源于印章和捶拓的说法，得到李书华认可。李书华更将他的论文标题命名为《印章与摹拓的起源及其对于雕板印刷发明的影响》，开宗明义地凸显出印章与摹拓起源的重要意义，鲜明地表达了自己的观点[2]。

李书华说："印章是雕板印刷的缩小，而雕板印刷却是印章的扩大。如将反字阳纹印，涂以黑墨，以代红色印泥，仍施于白纸上，则呈白地正文黑字；这就是缩小的雕板印刷。雕板印刷本是在平面木板上，雕成反纹

[1] [美]卡特（T.F.Carter）著，吴泽炎译：《中国印刷术的发明和它的西传》，商务印书馆1957年。
[2] 李书华：《印章与摹拓的起源及其对于雕板印刷发明的影响》，载张锦郎编辑：《图书印刷发展史论文集》，台北：文史哲出版社1982年。

阳文字，涂以黑墨，铺白纸于木板上，稍施压力，便成印刷品。所以反文阳文印，对于雕版印刷的启发，是直接的，也是极自然的。” 李书华从实物和史料两个方面证明，印章在周代已经大量使用。

雕刻印章和碑板的技术，对雕版印刷术的起源具有启发意义，甚至可能极为重要，但是，毕竟还只是社会和技术背景方面的因素，还不是雕版印刷技术本身。

促成中国古代雕版印刷走向成熟的标志，第一个阶段，应该是雕刻木板面积的扩大。这才是雕版印刷技术出现的前提问题。

印章微小、轻便，可以持握戳捺。而碑板阔大沉重，不便携带拿放，却适合捶拓。用于印刷的雕版，初始可能“版面”较小，承载的文字数量不会很多。其使用方法，可以戳印、可以捺印。之后，因其承载的文字内容越来越多，图案铺陈日趋繁缛，小型之板不敷使用，必然向大型化发展。而金属或石质碑板，体积庞大，材料厚重，无法持握戳捺，捶拓是一个很好的方法。但是，木板不适合捶拓，试想捶拓工艺施用于木质材料，木板必然容易损坏。

当雕版印刷技术出现并日益广泛应用以后，印章和碑板更走向两条截然不同的方向，成为雕版印刷术以外，另外两种制造“书籍”的方法——戳捺印制和捶拓印制。

而用于印制书籍或图案的雕板，因其要承载更多文字和图像，雕板的面积不断扩大，材质逐渐固化为使用木板（使用什么样的木板，也有一个摸索、总结、不断试验的过程），经过这样一个时期，当雕版印刷摆脱印章式的捺印戳印，雕版印刷技术才可谓真正成熟。

大型雕刻木板出现的时间可能比较晚，至少唐代早期的资料还没有看到。

向达在《唐代刊书考》[1]中，特别提到唐代前期佛教对雕版印刷起源的影响："中国印刷术之起源，与佛教有密切之关系。语其变化之概，当为由印像以进于禁咒，由禁咒进步始成为经文之刊印，而其来源则与印度不无关系也。"

向达引用的资料主要有三条：一、《法苑珠林》卷三十九引述《西域志》：显庆五年（660）九月，王玄策征西得到佛印；二、义净《寄归内法传》所云"造泥制底及拓模泥像"；三、唐冯贽《云仙散录》引"玄奘以回锋纸印普贤像"。

向达认为："至唐代印度佛印传入中国，折佛之风一时大盛，一纸中动辄印百千佛像，一印或数百千张，而后印刷方告萌芽，遂有后日之盛。"

向达的说法，解释了一个重要现象，就是唐代雕印品大量出现的原因，以及这些雕印品受印度佛印影响，被中国引进后"发酵"。

上述"佛印"和"小佛像"是如何印制的，向达先生举例说："此种佛印流传甚广。日本大和法隆寺所藏不动明王像一纸印像三千，药师如来像一纸印像十二，

[1] 向达：《唐代刊书考》，载《唐代长安与西域文明》，北京：三联书店 1957 年，第 120 页。

阿弥陀如来像纵一尺一寸五分之纸而印像百八尊。此外尚有吉祥天女像，毗沙门天像，皆一纸而印像数十，当即佛印之类也。一九〇八年法人伯希和探险敦煌石室，发现用佛印印成之千体佛，俱为唐代之遗。” 向达先生的解释，极为清晰地告诉我们，这些佛印和小佛像，其实是捺印，是戳印在纸上（或绢上）的。也就是说，在唐代高宗（650—683）、中宗（684，705—710）时期，还在大量戳印捺印小型的佛像，似乎尚未出现大型佛像。

这类小型的“千佛像”，国家图书馆藏敦煌遗书中亦存多件，有墨印，有朱印，从纸张状况判断，大体皆唐代印刷品。比如：

BD09520 号（殷 41），通卷 23 纸，正面为千佛像，平均每纸印佛像 40—42 枚，背面为后代杂抄 11 件归义军时代（10 世纪）社会文书。

BD15279 号（新 1479）硃印千佛像，共存 4 纸，平均每纸戳印佛像 114 枚。

这些小佛像，都是捺印、戳印在纸上的，它们的雕刻技术和使用方式，并没有摆脱印章的“原始状态”。石质碑板，竖立捶拓可以，而改为刷印，纸张易破，技术上不可行。这两者，都不是真正意义上的雕版印刷。

只有当雕刻的木板面积阔大，捺印或戳印工艺不能适应大型雕版印制的时候，雕版被翻转过来，改“捺印”“戳印”“捶拓”为“刷印”的时候，真正意义上的雕版印刷术才算出现。而雕版面积的扩大，是这个变化的主要因素。

（二）雕版印刷改进阶段

小型版面，不论使用何种材料制作，皆不易变形。阔大的木质雕版，必然有容易变形的缺陷，这是木材的天然因素决定的。变形的雕版，必定影响印制质量，比如版面开裂、扭曲等等。用捺印戳印方法印制大型雕版，影响印制的清晰度；而捶拓的力度，又使木板不能承受。

国家图书馆收藏敦煌遗书中，有一个雕版变形的例证：

BD14711 号《杂阿毗昙心论》卷十

该件正面为南北朝写《杂阿毗昙心论》卷十，背面杂乱钤印十七枚“永兴郡印”及九枚木捺佛像（图 1-2）。

图 1-2　BD14711《杂阿毗昙心论》卷十背捺印佛像

九枚佛像，戳印在经卷背面，各枚佛像的位置稍显凌乱。佛像每枚高 14 厘米、宽 12 厘米，三个一组，第一个墨色浓重，而第二个、第三个墨色依次递减，越来越淡。佛像旁边，还保存有遗落下来的墨点痕迹。显然，这些佛像是蘸墨戳印的结果。因为本件背面钤有十七枚“永兴郡印”，故原收藏者误认为本件为东晋南齐时代写本。

背面佛像的图案，为一佛二菩萨。佛着袈裟，袒露右肩，手结印契，结跏趺坐在莲花座上，有背光。佛顶有幡盖。二菩萨分别侍立两边，脚下有莲花座。右侧菩萨双手合十，左侧菩萨手持某物，不清，似为供养具。右上、左上均有对称的装饰性云彩及塔形图案。四周有梵文陀罗尼咒，底边为 4 行梵文，其他三边为 2 行梵文。

这九枚佛像的尺幅不小，其中几幅线条已有模糊不清或局部不能蘸上墨的现象，这应该是板木变形和损伤的结果。

关于本件九幅佛像的时代，因为与本书关系密切，故有必要做些辨证。

目前部分研究者将九幅佛像定为北周或隋代雕版印刷品。以笔者管见，这里有两个误会。

第一，将正面经文抄写时代与背面钤印及佛像时代相混淆；将背面“永兴郡印”时代与九枚佛像时代相混淆。第二，将雕刻戳印与雕版刷印相混淆。

关于本件正背各主题的时代而言，本件正面经文字体古朴，尚保存比较浓郁的隶书风格。纸张未经染黄，帘纹粗疏，纸质较粗糙。我们在编辑《国家图书馆藏敦煌遗书》大型图录的时候，因为本件没有任何明确纪年依据，故根据纸张、字体诸因素综合考量，将正面经文的时代，比较宽泛地定为南北朝时期 。

关于背面十七枚“永兴郡印”的时代，有研究者定为北周时代，该时期酒泉、敦煌一带由北周政府设永兴郡[1]。

关于九枚佛像，有研究者根据“永兴郡印”的时代推断，认为应该是北周561—574年间的版画，并由此得出结论：“因此，我们可以肯定地说这件写经背后的捺印佛教版画，是中国也是全世界最早的版画作品。”他认为这幅版画的伟大意义，堪比咸通九年（868）《金刚经》扉画。

我们知道，敦煌遗书一个重要特性，在于那个时代纸张缺乏，常常正面抄写后，又用背面抄写其他文献，或者用于草写社会文书，甚至后代将前代作废纸张杂拼起来抄写文字。因此，背面文献的时代，不一定与正面文献的年代相符。

根据《元和郡县志》和《太平寰宇记》 记述，永兴郡于隋代大业三年（607）废[2]。本件背面凌乱的钤印，恰恰说明彼时已经不是北周时代，“永兴郡印”可能已经废止，不再行用。至于钤印的下限，目前没有明确的证据，尚难断定。

从图像学角度解读卷背九枚佛像的时代，也有困难。

[1] 李之檀：《敦煌写经永兴郡佛印考》，载《敦煌研究》2010年第3期。
[2] 李吉甫：《元和郡县志》卷四；《太平寰宇记》卷十五。

该图像四周环绕梵文，字体高度模糊，佛、菩萨形象也缺乏有象征意义的特点。因此，该佛像的雕刻时代尚待研究。而佛像捺印在该卷背后的时代，同样不能断定。

因此，BD14711号背后的九枚佛像，其雕刻和捺印在该卷背后的时间，在没有明确证据的前提下，目前尚难断定。而其印制的方式，与印章的戳印捺印没有本质区别，与刷印更不相类。

从这个例证看，印制一个手掌大小的图像，由于印刷方式和材料的局限，已经不太适合捺印或戳印了。

其实，戳印、捺印与刷印的本质区别，已有学者指出过。比如，孙机在《中国古代物质文化》一书中说："谈到雕版印刷的起源，往往会追溯到印章。虽然二者关系很密切，但技术上存在着差别：印章系捺印；雕版多为刷印，反而和碑刻的拓印更接近。"[1]

他又说："如版面过大，则捺压之力不均，墨色不匀，成品效果不佳。甚至如柳玭所说的，'浸染不可尽晓'了。及至9世纪中后期，出现了长达三十卷的《玉篇》之类宏编巨帙和王玠的《金刚经》之类图文并茂的精印本时，印制方法显然已经非捺印法所能胜任，而应在雕版上施墨，然后覆纸刷拓，是为刷印法。"[2]

从技术史的角度说，当雕版面积扩大，不再适应戳印、捺印之后，经过一个时期的摸索，将雕刻的木板翻转过来，固定平放在台面上，改为刷印，这是必然结果。

[1] 孙机：《中国古代物质文化》，北京：中华书局2014年，第322页。

[2] 孙机：《唐代雕版印刷》，载《仰观集》，北京：文物出版社2012年，第357页。

从戳捺，到刷印，也有一个技术和经验积累的过程，这个技术从出现到成熟，正是中国古代雕版印刷技术从出现到成熟的过程。

只是限于条件，我们现在很难见到早期刷印的作品，对那个时代刷印品的质量、特征难以评估。

国家图书馆入藏的三件早期雕版佛经，雕刻和印刷，皆已成熟，显然已经跨过了“刷印”的初期阶段，属于印刷技术成熟时期的作品。

（三）雕版印刷成熟阶段

从“刷印”开始，雕版印刷技术真正“走向”成熟。“成熟”需要一个过程，这过程中的任意点上的每一件印刷品，都是研究早期雕版印刷史必不可少的重要资料。在长期实践过程中，雕版印刷的基本环节逐渐固定为几个工序，研究者将之归纳如下：（一）誊写；（二）校对；（三）制版；（四）刷印。结合印刷术的整体发展过程，这些基本“环节”可以视为衡量早期雕版印刷品是否成熟的标志。

目前，全世界保存下来的重要的早期雕版印刷典籍有如下几种：

序号	雕版年代	经典名称	收藏单位
1	唐咸通九年（868）	金刚般若波罗蜜经	英国国家图书馆
2	晚唐五代初（9—10 世纪）	金刚般若波罗蜜经	中国国家图书馆

序号	雕版年代	经典名称	收藏单位
3	晚唐五代（9—10 世纪）	观弥勒菩萨上生兜率天经	2016 年保利春季拍卖
4	晚唐五代（9—10 世纪）	三十三分金刚般若波罗蜜经	2008 年保利春季拍卖
5	后唐天成二年（927）	佛说弥勒上生经	中国国家图书馆
6	后汉乾祐三年（950）	三十二分金刚经	英国国家图书馆 法国国家图书馆
7	五代北宋（9—10 世纪）	观弥勒菩萨上生兜率陀天经	中国国家图书馆
8	五代北宋初（10 世纪）	弥勒下生经	中国国家图书馆
9	显德三年（956）	宝箧印陀罗尼经	安徽省博物院
10	显德三年（956）	宝箧印陀罗尼经	浙江省博物馆
11	开宝四年（971）	开宝藏・妙法莲华经卷第七	山西高平市文管所
12	开宝八年（975）	宝箧印陀罗尼经	海内外公私诸家
13	五代北宋初（10 世纪）	妙法莲华经卷二	缘督室私人旧藏
14	五代北宋初（10 世纪）	妙法莲华经卷六	山西高平市文管所
15	五代北宋初（10 世纪）	傅大士颂金刚般若波罗蜜经	保利 2015 年秋季拍卖
16	太平兴国六年（981）	金刚般若波罗蜜经	瀚海 2015 年 11 月拍卖

1. 唐咸通九年（868）《金刚般若波罗蜜经》　英国国家图书馆藏

后秦鸠摩罗什译本。

在世界雕版印刷史上，地位最为重要的当属清光绪二十六年（1900）在甘肃省敦煌县莫高窟藏经洞发现的唐懿宗咸通九年雕版印刷佛经《金刚般若波罗蜜经》。

关于这件咸通九年的《金刚经》，因为其卷尾的明确纪年，使之成为目前世界历史上唯一一部有明确纪年的最早的雕版印刷作品，凡研究世界印刷史、书籍史、版本学的书籍，都要讲到，被评价为“是一件雕版印刷技术已经成熟的作品”。

这件佛经 1907 年被斯坦因携往英国，先存大英博物馆。20 世纪六七十年代后转交英国国家图书馆。大约从 1999 年起到 2009 年得到整体修复。

2. 晚唐五代刻《金刚般若波罗蜜经》　中国国家图书馆藏

后秦鸠摩罗什译本。

2014 年秋季，由私人持来，保利国际拍卖有限公司上拍，由国家图书馆优先购藏。根据字体、纸张、版式等综合判断，此为晚唐五代时期北方民间雕版印刷品。

详细说明见后。

3. 晚唐五代刻《观弥勒菩萨上生兜率天经》　北京保利国际拍卖有限公司 2016 年春拍

南朝宋沮渠京声译本。

本件卷首残损，卷尾全，存长 337.5 厘米，高 22.5 厘米。通卷共 7 纸，181 行，每版 27 行，行 16 至 18 字不等。原轴存，已分离，轴头涂漆。有尾题“弥勒上生经”。尾题后有功德题记一行：“有雕经功德，普沾于一切，我等为众生，皆得离苦恼。”

保利拍卖说明称：“此经与国家图书馆入藏之‘天成二年刻经’内容、纸张、字体、刻板、风格皆一致，且来源统一，为历年拍场极为珍稀之本。”

该件多俗体字、异体字，板刻粗犷，刀法滞涩，北方民间雕版风格极为明显。该件纸张状况和纸质，不论目验或手感，颇类唐代写经用经黄纸，但是帘纹稍显粗疏；纸张纤维呈团絮状，厚薄不均；纸张韧性较差。据此这件当为晚唐五代刻本。

4. 晚唐五代刻《三十三分金刚般若波罗蜜经》　2008 年保利春拍拍品，某佛教博物馆收藏

本经介绍，参方广錩先生博客《九种早期刻本佛经小记》、保利拍卖图录。

卷轴装。首脱尾全。全长 425 厘米，高 27 厘米，9 纸，共 247 行，行 17 字。每版 28 行，行 17 字。上下单边，卷尾无边栏。版端刊标版片号。

该本现存两个部分:《金刚般若波罗蜜经》(首残)、《金刚般若根本陀罗尼》。《金刚经》存“尊重正教分十二”“如法受持分第十三”“离寂灭分第十四”“持经功德分第十五”“能净业障分第十六”“究竟无我分第十七”“一体同观分第十八”“法界通化分第十九”“离色离相分第二十”“非说所说分第二十一”“众生淨信分第二十二”“无法可得分第二十三”“净心行善分第二十四”“福智无分第二十五”“化无所化分第二十六”“法身无分第

二十七”“无断无灭分第二十八”“不受不贪分第二十九”“威仪寂静分第三十”“一舍相离分第三十一”“知见不生分第三十二”“应化非真分第三十三”。

据方先生研究，本经最为可贵的是，将约在唐代长庆年间加入《金刚经》的“众生段”单独列为“众生净信分第二十二”，从而将所谓昭明太子所编的“三十二分金刚经”增列为三十三分。此种形态的《金刚经》，至今为止，仅此一件，具有较大的文献价值。

方先生认为：“此件风格、字体、形态与上述王玠《金刚经》、李仁锐《金刚经》较为接近。刊刻年代亦应大体相近。主要特点是所用纸张为典型写经用打纸，砑光上蜡。故不少文字墨迹难以渗入纸纤维，堆积在表面。每版 28 行，与标准写经款式相同。”

基于上述因素，判定本卷为晚唐五代刻本。

5. 后唐天成二年（927）刻《佛说弥勒上生经》　中国国家图书馆藏

南朝宋沮渠京声译本。

2014 年秋季，由私人持来，晚唐五代刻本《金刚经》、晚唐至宋初刻《弥勒下生经》与其同在保利国际拍卖有限公司上拍，国家图书馆优先购藏。根据本件题记以及纸张字体综合判断，确为后唐天成二年刻本，亦属于北方民间雕版印刷品。

详细说明见后。

6. 后汉乾祐三年（950）刻《三十二分金刚经》　英国国家图书馆、法国国家图书馆藏这是两个粘叶装小册子本，出自敦煌藏经洞，目前分别收藏在英国国家图书馆和法国国家图书馆，编号分别为 Or.8210/P.11、伯 4515 号。

两件均首残尾全，卷末有题记："弟子归义军节度使特进检校 / 太傅兼御史大夫谯郡开国侯 / 曹元忠普施受持。/ 天福十五年己酉崴五月十五日记。/ 雕版押衙雷延美。/"

947 年（开运四年）以后，后晋被后汉替代，敦煌归义军政权仍沿用后晋天福年号，称乾祐三年为天福十五年。

此《金刚经》乃常见之三十二分，为现知有明确年款，且年代较早的第三种刻本佛经。

雷延美为归义军时期敦煌当地刻工，他还雕刻有单页《大慈大悲救苦观世音菩萨像》，卷尾题："弟子归义军节度瓜沙等州观察处置管内营田押蕃等使特进检校太傅谯郡开国侯曹元忠雕此印本，奉为城隍安泰，阖郡康宁。东西之道路开通，南北之凶渠顺化。励疾消散，刁斗藏音，随喜见闻，俱沾福佑。于时大晋开运四年丁未岁（947）七月十五日纪。/ 匠人雷延美。"

7. 五代北宋刻《观弥勒菩萨上生兜率陀天经》 中国国家图书馆藏

南朝宋沮渠京声译本。

卷轴装，卷首残，卷尾全，无轴。全卷存 9 版，长 391.4 厘米，纸幅高 31.5 厘米，框高 22.5 厘米。尾题下有题记："隰州张德雕板。"卷末有《慈氏真言》《生内院真言》。从字体风格、纸张形态、刊经样式判断，此经或为山西隰州雕刻。2002年入藏国家图书馆。

方广锠先生认为，从字体、纸张和经本形态看，此经雕刻时间应在五代至北宋间。李致忠先生认为，雕刻时间应该在金代[1]。

8. 晚唐至宋初刻《弥勒下生经》　中国国家图书馆藏

后秦鸠摩罗什译本。

2014年秋季，由保利国际拍卖有限公司上拍，国家图书馆优先购藏。根据字体、纸张、版式、卷背裱补纸及其文字等方面综合判断，此为晚唐至宋初北方民间雕版印刷品。

详细说明见后。

9. 显德三年（956）刻《一切如来心秘密全身舍利宝箧印陀罗尼经》（丙辰本）　瑞典斯德哥尔摩东方博物馆藏　安徽博物院藏

唐不空译本。

目前发现吴越国地区雕印的"宝箧印经"，以显德三年本为最早。这个版本有两条记录：

（1）1917年在中国浙江湖州天宁寺石幢中发现，现藏瑞典斯德哥尔摩东方博物馆。袖珍卷轴装，卷首有扉画，扉画前有发愿文："天下都元帅吴越国王/钱弘俶印宝箧印经/八万四千卷在宝塔内供/养显德三年丙辰岁记。"全卷经文共4版，338行，每行八九字。

[1] 方广锠《九种早期刻本佛经小记》，载"水源之形"博客；方广锠《新入藏刻本〈观弥勒菩上生兜率陀天经〉侧记》，载《文津流觞》十周年纪念刊（总第36期）；李致忠《国图入藏〈观弥勒菩萨上生兜率陀天经〉刊印考》，载《文献》2002年第4期。

关于此本，王国维说：“同时所出二卷，大小行款均同而字体微异，可证其有数板也。”这两件，一件现存瑞典，另一件收藏单位不详。

（2）1971年于安徽省无为中学宋代舍利塔地宫发现一件，卷首有同样的发愿文，存“天下都元帅吴越国王／钱弘俶印宝箧印经□……□”几字，年款处文字残损严重，难以辨认。现藏安徽博物院。

斯德哥尔摩东方博物馆收藏本品相完好，文字清晰。安博本前半段残损较为严重，托裱时经文有错简。经过比勘发现，上述两本虽属同一系统，但字体版刻风格略有差别，可以肯定两者之间有覆刻关系，非同一版本。孰前孰后，有待深入研究。

10. 显德三年（956）刻《一切如来心秘密全身舍利宝箧印陀罗尼经》（乙丑本）　浙江省博物馆藏

唐不空译本。

1971年在浙江省绍兴市区物资公司工地（现大善塔附近）铁铸阿育王塔内发现。该塔上铸铭文：“吴越国王钱俶／敬造宝塔八万／四千所永／充供养时乙丑岁记。”塔中有小木筒，内装经卷，经卷前有扉画及发愿题记：“吴越国王钱俶敬造宝／箧印经八万四千卷永／充供养时乙丑岁记。”现藏浙江省博物馆。该本目前仅发现此一件。

该件袖珍卷轴装，通卷4纸，长182.8厘米，高8.5厘米，总220行，每行10至14字不等。

该件书品状况，张秀民评价为：“不但扉画线条明朗精美，文字也清晰悦目，如宋本佳椠。纸质洁白，墨色精良，千年如新。”以该本与其他本校勘，可以发现，此本经文更胜。

11. 开宝八年（975）刻《一切如来心秘密全身舍利宝箧印陀罗尼经》　海内外公私诸家多有收藏

唐不空译本。

此本即俗称之“雷峰塔经”者。1924年杭州西湖雷峰塔倒塌后，在塔砖中大量发现，故名。袖珍卷轴装。卷首有扉画，扉画前有发愿文：“天下兵马大元帅吴越国王钱俶/造此经八万四千卷舍入西关/砖塔永充供养乙亥八月日纪。/”本卷经文总271行，每行10字。

根据各方已经公布的资料知道，开宝八年乙亥“雷峰塔经”本存世最多，且有三个版本系统[1]。

12. 开宝四年（971）刻开宝藏本《妙法莲华经卷》第七　山西高平市文管所藏

后秦鸠摩罗什译本。

北宋开宝四年，政府在益州组织雕造佛教大藏经，总数约五千余卷，目前全世界所存仅十二号，十三卷。《开宝藏》是中国第一部雕版印刷的大藏经，字体方正纯熟，纸张坚韧厚实，板式规范，反映雕版技术已经完全成熟。

13. 10世纪（五代北宋初）刻《妙法莲华经》卷二　缘督室私人旧藏

后秦鸠摩罗什译本。

[1] 李际宁：《吴越国时期雕版印刷的“宝箧印经”版本研究》，载《中文古籍整理与版本目录学国际学术会议论文集》，桂林：广西师范大学出版社2012年。

方广锠先生博客刊登其《九种早期刻本佛经小记》介绍："打纸入潢，砑光上蜡，卷轴装。全卷原22纸，现前9纸已脱，存后13纸，长657厘米。每纸27行，总存351行。长行每行17字，偈颂每行20字。各纸右端有版片号。"尾全，存尾题"妙法莲华经卷第二"。

方先生又说："原卷无题记，细审纸张、字体、行款、刻工工艺及总体风格，知为早期刻经。……本卷乃十世纪中叶刊印。按中国王朝计，则刊印于五代辽宋初，又以五代辽之可能为大。刊刻地区为我国北方，约今山西一带。"

此卷从各方面看，已经是非常成熟的雕版印刷典籍。

14. 五代北宋初刻《妙法莲华经》卷六　山西高平市文管所藏

后秦鸠摩罗什译本。

该卷存16版，总长762.6厘米，每纸长49.8至52.2厘米，高27厘米，板框高20.9厘米。每纸27至29行不等，行17字。板端刊有版片号。卷中有朱笔点标。打纸，砑光上蜡。卷尾存木轴。

15. 晚唐五代宋初刻《傅大士颂金刚般若波罗蜜经》　保利2015年秋季拍卖

卷轴装。首残尾断，长380厘米，高26厘米；总存8纸，卷首版画2纸，经文存6纸，每纸长49至50厘米，每版28行，行17字；小字双行同，行25字。每版版端中间刊版片号。现存上下边栏为墨划。

卷首有版画2纸，长89厘米，版画左侧刊榜题："萧梁武帝御太极殿宣志公讲金刚经 / 志公奏请诏渔人傅大士歌颂此经变相。”

本卷经文存“梁朝傅大士颂金刚经序”“金刚经祈请”“虚空藏菩萨普供养真言”“净口业真言”“奉请八金刚”“发愿文”；《金刚经》部分存“法会因由分第一”至“无为福胜分第十一”。

本件经文字体保存不少异写、俗写，但是版刻较为工整；纸张较厚，但未如打纸版坚韧，纤维似乎较为松散，也因此本件纸张脆断破碎比较严重。

关于本件的时代，目前各方认识差异较大，从晚唐，到北宋初年的说法都有。

16. 太平兴国六年（981）刻《金刚般若波罗蜜经》　瀚海2015年11月拍卖

后秦鸠摩罗什译。

卷轴装，全长565厘米，宽28.9厘米，版心高22厘米。每版26行，行15字，上下单边。每版右端下刊版片序号。尾题后有《大身真言》《补阙真言》。

卷尾发愿题记刊：“比丘首谦又于濠泗二州教化四众，印金刚经一千五百一十七卷，/ 僧供一千人，大银稜钵盂一副，亲送五台山钵供，/ 文殊经施众僧转读。所有良缘，功德普愿回向，遍周法 / 界真如实际，一切六道四生，及舍财施主弟子，化道功勤，愿咸升般若之舟航，尽登菩提之彼岸。伏愿 / 皇帝圣寿万岁。/ 时太平兴国六年岁次辛巳七月二十三日，寄濠州崇圣禅院 / 造设斋庆，赞讫此经，用沉檀龙脑水研墨。/ 今弟四会也。 宿州圣果□□□智广同送。/”

本件纸张坚厚，纸质均匀，有打纸研光的工艺效果；

字体疏朗、方正，显示出娴熟的雕刻技术；字形端正，少有异写、俗写；版式工整、规范，版端刊版片号。总体而论，本件风格颇有《开宝藏》神韵，已经是非常成熟的雕版印刷典籍。

二、唐咸通九年《金刚般若波罗蜜经》

有关此件大致情况前面已介绍，那么，这件早期雕版印刷本《金刚经》有什么特点？它哪些地方更成熟？是否还有不太成熟的方面？这些问题，直接涉及它在雕版印刷史上的地位。

我们首先对其特点做描述和分析，之后再纵向的与其他各件早期雕版印刷典籍比较。

（一）整体描述

装帧形态：卷轴装。通卷八纸，其中前七纸为雕版版片，末纸拖尾用旧信札纸相缀。

卷端：现在的外观形态，已非藏经洞发现之初形状，无天竿、护首。

扉画：一幅，“释迦牟尼于祇树给孤独园接受长老须菩提供养图”。

经文：卷前有“净口业真言”和“奉请八金刚”；之后是鸠摩罗什译《金刚经》；

卷尾：经尾后刊发愿题记“咸通九年四月十五日王玠为二亲敬造普施”；

拖尾：卷末用废旧信札装成“拖尾”，呈梯形，以便于粘装木轴（图 1-3）。

据英国国家图书馆修复师马克博士介绍，该件自藏经洞发现之初，已经破裂严重，卷背大约有三层古人修补黏贴的纸张。入藏大英博物馆后，又有破裂，又经托裱。古今先后共达五层。1970 年代，该件与大批敦煌遗书一起，移交英国国家图书馆。约从 1990 年代后期开始，该馆由古籍修复专家马克博士主持该件修复工作，到 2009 年底，该件全部修复保护工作完成。

图 1-3　咸通九年《金刚般若波罗蜜经》拖尾
（摘自国际敦煌项目网站）

（二）版式行款描述

有关版式行款的分析，应该建立在以下诸项：

1. 纸张数据

本件《金刚经》通长 499.1 厘米，除去第一纸扉画和第八纸拖尾，经文部分六张纸，每纸长度不一，且差距不小[1]。

[1] 咸通九年《金刚经》的有关数据，承国图刘波先生联系，英国国家图书馆 Emma 提供，在此表示感谢！

纸序	纸长（厘米）	纸高（厘米）	行字	行数
第一纸（扉画）	28.5	26.7	扉画	扉画
第二纸	72.5	（同上）	17—19	48
第三纸	77.6	（同上）	（同上）	52
第四纸	72.4	（同上）	（同上）	49
第五纸	72.7	（同上）	（同上）	48
第六纸	77.8	（同上）	（同上）	52
第七纸	79.8	（同上）	（同上）	51
第八纸（拖尾）	17.8	——	手写	手写

一部雕版印刷书籍，各版纸张尺寸不一，一般说这种现象可能有两种因素造成：其一，纸张受水而有变化。纸张有延展性，中国手工纸的这种特性更显著，尺寸的差距，可能受纸张湿水影响而有变化。其二，该件印刷品原本各纸尺寸就有差距。从本件看，纸张尺寸差距如此之大，不太可能是水湿原因，后一种的可能更大，即纸张长短原本有异。

中国纸本典籍的抄写，两晋以来早有成熟的制度。目前为止，在中国境内所见最早有明确纪年的纸本文献是大谷探险队在吐鲁番地区发现的西晋元康六年（296）

《诸佛要集经》。此件残碎，从其行款看，每行 17 至 18 字，抄写非常正规[1]。

敦煌遗书中保存了大量 4 至 11 世纪的写经，有很多经卷的纸张可视为了解那个时期纸张的“标本”。如：

BD14668　四分律　建初十二年十二月（417）抄写

全卷长 1050 厘米，高 24.9 厘米；存 24 纸，732 行；行 30 余字。各纸数据如下：

01 纸：44.0 厘米，28 行；02 纸：44.5 厘米，28 行；

03 纸：44.5 厘米，29 行；

04 纸：44.5 厘米，32 行；05 纸：44.5 厘米，32 行；

06 纸：44.5 厘米，32 行；

07 纸：44.5 厘米，32 行；08 纸：44.5 厘米，32 行；

09 纸：44.5 厘米，32 行；

10 纸：44.5 厘米，32 行；11 纸：44.5 厘米，32 行；

12 纸：44.5 厘米，32 行；

13 纸：44.5 厘米，32 行；14 纸：44.5 厘米，32 行；

15 纸：44.5 厘米，32 行；

16 纸：44.5 厘米，32 行；17 纸：44.0 厘米，32 行；

18 纸：45.5 厘米，32 行；

19 纸：44.5 厘米，32 行；20 纸：44.5 厘米，32 行；

21 纸：44.5 厘米，32 行；

22 纸：25.5 厘米，16 行；23 纸：45.0 厘米，28 行；

24 纸：44.5 厘米，27 行。

---

[1] 元康六年（296）《诸佛要集经》，见香川默识主编：《西域考古图谱》，日本国华社 1915 年；又见旅顺博物馆、龙谷大学编：《新疆出土汉文佛经选粹》，日本法藏馆 2006 年。

该件是目前中国国家图书馆藏敦煌遗书中有纪年最早的一件，卷尾有题记："建初十二年十二月二十七日沙门进业于酒泉西城陌北祠写竟，故记之。"从通卷抄写的样式看，这不是官方写经，而是普通写本（图1-4）。

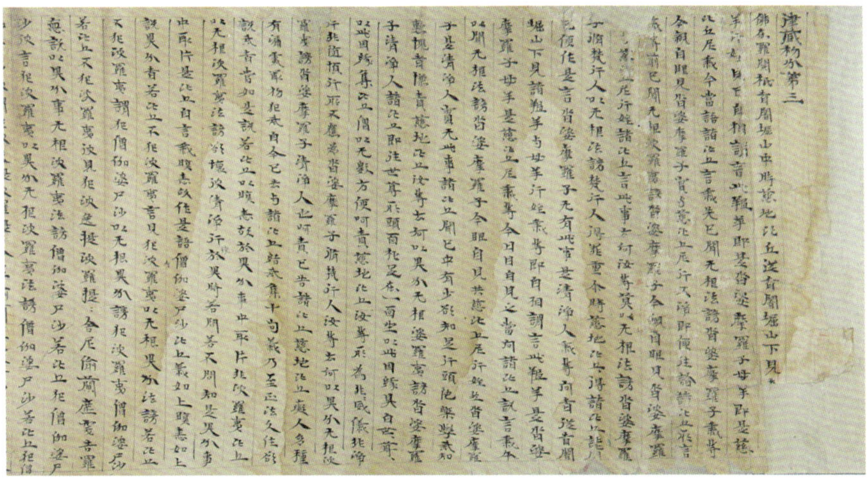

图 1-4 BD14668《律藏初分》卷三

该件每纸长度在 44 厘米至 45 厘米间，误差不超过 1 厘米，且大部分在 44.5 厘米。第 22 纸只有 25.5 厘米，这种情况可以视为一个特例。除此而外，其他各纸的尺寸，皆非常整齐，说明当时写经用纸，可以裁切得非常精确而整齐。

BD01032 维摩经义记卷二 西魏大统三年（537）写本

该件全长 1170 厘米，高 26.3 厘米；存 32 纸，755 行；行 20 余字。各纸数据如下：

01 纸：28.0 厘米，19 行；02 纸：36.5 厘米，24 行；

03 纸：36.5 厘米，24 行；

04 纸：36.5 厘米，24 行；05 纸：36.5 厘米，24 行；
06 纸：36.5 厘米，24 行；
07 纸：36.5 厘米，24 行；08 纸：36.5 厘米，24 行；
09 纸：36.5 厘米，24 行；
10 纸：36.5 厘米，24 行；11 纸：36.5 厘米，24 行；
12 纸：36.5 厘米，24 行；
13 纸：36.5 厘米，24 行；14 纸：36.5 厘米，24 行；
15 纸：36.5 厘米，24 行；
16 纸：36.5 厘米，24 行；17 纸：36.5 厘米，24 行；
18 纸：36.5 厘米，24 行；
19 纸：36.5 厘米，24 行；20 纸：36.5 厘米，24 行；
21 纸：36.5 厘米，24 行；
22 纸：36.5 厘米，24 行；23 纸：36.5 厘米，24 行；
24 纸：36.5 厘米，24 行；
25 纸：36.5 厘米，24 行；26 纸：36.5 厘米，24 行；
27 纸：36.5 厘米，24 行；
28 纸：36.5 厘米，24 行；29 纸：36.5 厘米，24 行；
30 纸：36.5 厘米，24 行；
31 纸：36.5 厘米，22 行；32 纸：36.5 厘米，18 行。

该件卷尾有题记："一校流通。/ 释琼许。/ 大统三年正月十九日写讫。/" 其后朱笔题记："二月廿五日观之讫，记之也。/" 1 行。值得注意的是，该件纸张尺寸极为整齐，这种规格整齐、大小统一的纸张，在南北朝时期的写经中很多。

BD14437　妙法莲华经卷五　唐上元三年（676）宫内抄书手写

该件全长 684 厘米，高 26 厘米；存 15 纸，总 446 行；行 17 字。各纸数据如下：

01 纸：40.0 厘米，26 行；　02 纸：47.5 厘米，31 行；
03 纸：47.5 厘米，31 行；
04 纸：47.5 厘米，31 行；　05 纸：46.5 厘米，31 行；
06 纸：46.5 厘米，31 行；
07 纸：46.5 厘米，31 行；　08 纸：46.5 厘米，31 行；
09 纸：46.5 厘米，31 行；
10 纸：46.5 厘米，31 行；　11 纸：46.5 厘米，31 行；
12 纸：46.5 厘米，31 行；
13 纸：46.5 厘米，31 行；　14 纸：46.5 厘米，31 行；
15 纸：36.5 厘米，17 行。

咸亨元年（670）武则天母亲杨氏去世。武则天为其祈福，命宫内寺院抄写三千部《金刚经》、三千部《法华经》，此件即其中的一卷。该件纸质均匀、细腻，打纸，研光上蜡。这批宫廷写经，无疑是唐代写经精品。从数据上看，此件纸幅从 46.5 厘米到 47.5 厘米，有 1 厘米左右的差距。这种情况表明，即便宫廷内的“豪华”抄经，亦有部分差距，这是写本时代经卷装潢的“特点”，即便如此，该件写经的纸张加工堪称精致，纸张尺寸非常精细、统一（图 1–5）。

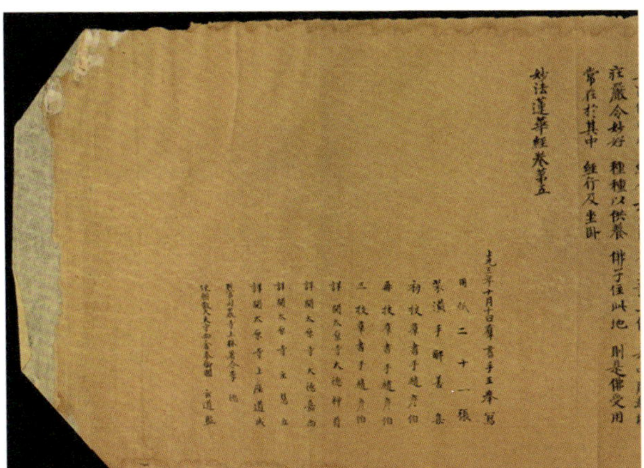

图 1-5　BD14437《妙法莲华经》卷五

通过上述一组数据分析，从纸张大量使用于抄写经典以来，统一规格的纸张，早已成为写经的基本要求。同样，到刻本阶段，统一尺寸的载体，比如木板版片，是规范版式行款的基本依据，也是雕版的基本前提。因此，雕版板片规格是否整齐、统一，可以视为检验雕版印刷技术是否成熟的标志。

2. 行款字数

咸通九年《金刚经》每纸（版）行数，从 48 行到 52 行，差距很大；每行字数，从 17 字到 19 字，差异也不小。

这件《金刚经》行款的数据说明了什么？写本时代的案例，从公元 4 世纪到 11 世纪的敦煌遗书，早已使用很标准的纸张。当然，敦煌遗书写经用纸的规格，特别是民间抄写、杂稿用纸等，各种纸张，非常庞杂，不一而足。但是，凡寺院、官方等正规写经，纸张还是有其统一的标准和规格。前引建初十二年写《四分律》，除首尾行数不尽一致，中间每纸 44.5 厘米 32 行，相当标准。西魏大统三年（537）写本《维摩经义记》卷二，更是连首连尾都高度精确在 36.5 厘米 24 行。而唐上元三年（676）宫廷写《妙法莲华经》卷五，前半每纸 47.5 厘米，后半 46.5 厘米，经文则统一 31 行。标准的行款，既是视觉感受的要求，也是版面设计的需要。如果版式、行款不一致，则说明雕版的安排尚缺统一规格，有一定的随意性。

这件咸通九年《金刚经》的板片今日早已不见，雕版的状况，却可以通过版式、行款得到体现，其版式行款的差异，反映早期雕版的“原始”状态。

3. 版片号

“版片号”，是书籍版片的顺序编号，是雕刻板片必备内容。版片号的作用是防止书版混乱。试想，一部书籍往往数十片、上百片，书板如果放置错乱，将很难辨认清理。而佛教大藏经，往往经板体量多至十余万片，且由于其经文阅读的困难，一旦混乱，极难理顺。故此，古人发明了在板片上雕刻版片序号的方法。后代册叶式书籍，每版刊有页码，这在宋以后的书籍中常见，是很普通的现象。但是，在雕版印刷技术发明的早期，版片号的标识还没有成为一种制度，没有统一规格和方式。

咸通九年雕版《金刚经》已经有了版片号，各版情况如下：

扉画：不刊版片号。

第一版：没有刊版片号。这是因为，卷首有首题，即使没有版片号也不易混乱；

第二版：无版片号；

第三版：有版片号“三”字，刊于第九行空白处下端；

第四版：有版片号“四”字，刊于第八行空白处下端；

第五版：有版片号“五”字，刊于第十四行空白处下端；

第六版：有版片号“六”字，刊于第九行空白出下端；

拖尾：手写书札，残。

版片号位置不固定，这或许反映了早期雕版印刷书籍的“原始”状况。我们知道，宋元以下雕版印刷书籍，版片号一般有固定的位置，如蝴蝶装和线装，一般标在版心鱼尾中间；经折装往往刊在版端或版缝中间。卷轴装一般标在卷端，如《开宝藏》《金藏》等皆如此。版片号标写位置不统一，说明书板版面“设计”还没有形成一个固定的模式，写版、雕版与版片管理之间的关系还没有像后代那样严谨，似乎还没有形成一种制度。

由此看来，咸通九年的《金刚经》的板材选用、版式设计、行款安排诸方面，都还显示出比较“原始”的状态。

其实不只咸通九年《金刚经》显露出比较“原始”的状况，这种情况，在雕版印刷术发明的早期印书上，都表现出一定的“原始”性质。

（三）字体风格考察

咸通九年《金刚经》的字体，与 8 世纪间通行的楷书体风格很为接近；而写工的风采，又通过雕刻工的手，表现得那样自然、真切，反映出雕刻技艺已经达到成熟水平。部分字体保留了唐代异写、俗写的古朴风格，反映出这件 868 年木板刻本的时代特点。

再从扉画雕刻角度考察，学术界普遍认为本件扉画雕刻细腻精美。画工将繁缛的线条一一铺陈开，人物的细微表情，环境的渲染，通过雕刻工匠的技术，均丰富、清晰地得到表现。因此，研究这件扉画的学者，都认为此扉画的雕刻技术已经达到很高水平。

（四）纸张的状况

我们已知，写本时代，制造写书用纸的原料、工艺和技术，是适合书写所用的。到雕版印刷时代，印刷书籍所用纸张有什么变化，比如：原料、抄造技术、加工工艺大概诸方面，皆应深入研究。

目前这方面的介绍较少，本件《金刚经》是一个难得的实物标本。由于实物目前由英国国家图书馆管理，对这件《金刚经》实物尚缺乏更多科学检测，我们对其了解还很薄弱。

2009 年，我们有幸在英国国家图书馆调查敦煌遗书，并两次参观了该部中文古籍修复室，考察了修复师马克博士正在修整的这件《金刚经》。他的描述，无疑是重要参考资料。

根据马克博士的介绍，本经雕版部分七纸相连，每张纸的四周厚度厚于中间部分，是抄纸的时候纸浆滞留在四周边框的结果。据笔者的观察，该件纸张与通常写经用纸不同，纸张表面似乎更光亮、更光滑。

如果迎着光亮观察纸张内部，帘纹似隐似现，不易观察到，这是纤维较长的反映。纤维越长，则纸张韧性越好。这似乎是为了更适应“刷印”不致破裂而专造的纸张。

可疑的是，这样一个重要的雕版印刷品，其纸张却厚薄颇不均匀，通卷映出一团团絮状感觉。据马克介绍，修复时，已经将纸背多层裱补纸揭除，背后沾粘纸张的多层浆糊也被仔细清除。也就是说，影响观察纸张的一些因素已经不存在。那么，这些模模糊糊的絮状物，又是什么呢？它们极容易使人联想到造纸的原料没有充分打碎，没有搅拌均匀。请教马克博士这些现象是什么因素造成的，他说：他们做过一些检测，在本件《金刚经》的纤维中发现有其他纸张的成份。这个结论，使我们更有理由相信，这件雕版佛经，可能使用了“还魂纸”。也就是说，这件早期的印刷本，使用了一种与写经不同的、经得起刷印的“专用”纸张。

观察咸通九年《金刚经》的结论：

1. 这件《金刚经》的雕刻工匠，能够惟妙惟肖地将人物表情、服饰的动感雕刻出来，能够将写工的笔意生动地雕刻出来，说明在版画雕刻、经文雕刻方面，雕版的技术已经相当成熟和高超。

2. 雕刻工在印刷用纸、版式行款（版面设计）等方面显现出来的文物特色，反映了古人在印刷术发明的早期阶段，已经对雕版、印刷、装帧等环节，有了细致的分工。从雕版印刷史来讲，这比使用雕刻刀具刻板，显示出了更大的进步，必然具有更重要的意义。

3. 就其板式和字体安排来说，也显露出早期雕版印刷书籍的原始、古朴。

三、三件早期雕版印刷佛经

佛说弥勒上生经一卷
南朝宋沮渠京声译
五代后唐天成二年（927）刻本

《佛说弥勒上生经》，一卷，简称“弥勒上生经”“上生经”。

本经主要叙述弥勒菩萨命终往生兜率陀天，教化诸天，昼夜六时说法。宣说天宫庄严妙丽，清净快乐，称念弥勒菩萨名号诸种功德利益。

魏晋间，弥勒经典传入中原，以翻译和抄写弥勒经典、绘制弥勒形象、开凿和供养弥勒造像为内容的信仰活动，在中国社会各阶层逐渐传播，形成弥勒信仰，并演化成为中国佛教的净土信仰。

沮渠京声，祖先天水郡临成县胡人，河西王沮渠蒙逊从弟。幼禀五戒，锐意内典。少年时代，跋涉流沙到于阗求访佛教，学习梵文。东归途中，在高昌郡求得“观世音观经”“弥勒上生经”回到凉州，并译为汉文。北魏攻陷凉州时，沮渠京声南奔，避祸南朝宋，以居士身份，常游止塔寺，并在此将曾已初译的“弥勒上生经”等经典讽诵传写，使之成为弥勒信仰主要经典之一。京城内外、僧俗“咸敬而嘉焉”。南朝宋大明年末（464），沮渠京声病逝于建康。事迹见梁僧祐《出三藏记集》卷第十四。

（一）外观

卷轴装。卷首缺，卷尾全，长115厘米，存四版：八、九、十、十一。卷尾后有“功德主讲上生经僧栖殷”“雕经人王仁珂”“天成二年（927）十一月日邑头张汉柔”三行题记。卷尾保存原来木轴，轴头涂棕色漆（图1-6）。

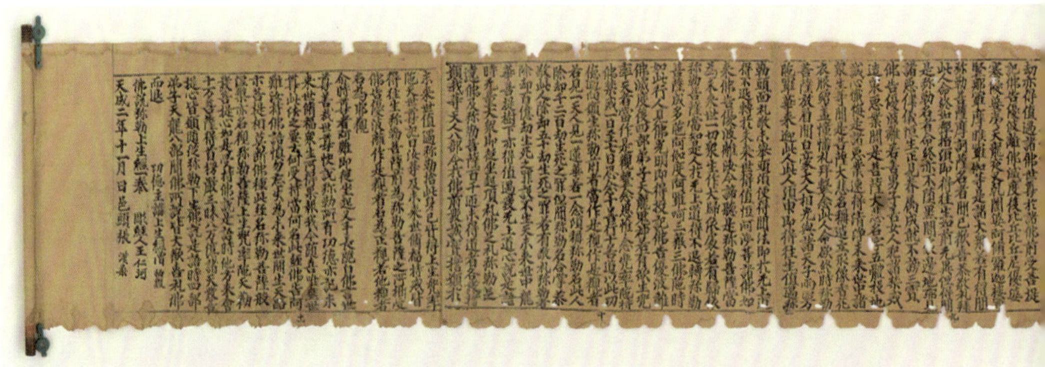

图 1-6　天成二年刻本《佛说弥勒上生经》

本件题记为“天成二年”雕，其雕版时间较咸通九年《金刚经》晚59年，是目前世界范围内所知第二件有明确纪年的早期雕版印刷书籍，也是国内保存有明确纪年最早的一件。

（二）版式行款

本件各版纸张长度、文字行数，列表如下：

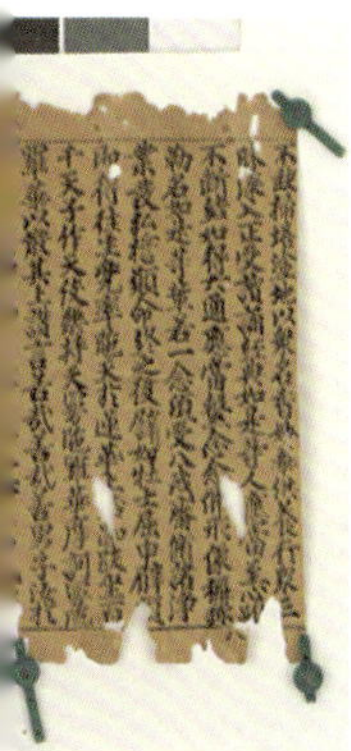

版序	纸张长度（厘米）	行数	版片号及位置
1	（存）20.5	（存）12	版片号：八。下边栏外，第9—10行间。
2	31.5	19	版片号：九。下边栏外，第9—10行间。
3	31.3	19	版片号：十。下边栏外，第10—11行间。
4	30.8	19	版片号：十一。下边栏外，第8—9行间。

这个表格，从残存的两版可以看出以下信息：

1. 纸张的长度相当标准，即每纸31厘米左右，表明纸张的加工工艺非常成熟；

2. 每块雕版的大小相同，这从纸张尺寸、每版文字固定为19行可以推断；

3. 每版文字皆19行，表明行款已经固定，这是雕版印刷典籍成熟的标志；

4. 本件的版片号，标在下边栏以外，大体靠近第8—11行之间的位置。版片号的位置大体固定，表明版式安排已经比较成熟。版式与行款的固化，这是写本向刻本过渡过程中走向成熟的表现。

5. 雕板大小的一致，表明开板工艺的成熟，由此说明书板的加工工艺水平已经较成熟。

（三）字体风格

1. 本件字体风格，保留许多俗写和古朴书法。

2. 本件雕版特色，具有典型北方地区粗犷、硬朗的雕刻刀法。

（四）纸张

1. 从纸张帘纹观察，厚薄均匀，纤维细腻，说明造纸加工工艺较好。

2. 用手感触，纸张韧性较好，纤维束更长。

3. 据古籍纸张专家的研究，纸张成分以构皮纤维为主。

（五）题记

写本时代，为体现抄经、施经、供养经典的功德，往往要在经尾写上发愿人的“愿辞”，发愿题记的写法，遂逐渐成为定式。刻本时代，尤其是早期阶段，发愿文的写法是什么样式，过去资料很少。

唐懿宗咸通九年（868）雕版印刷的《金刚经》，卷尾有施舍题记一行：“咸通九年四月十五日王玠为二亲敬造普施”，这种发愿的形式和写法，继承了写本时代题记的内容和方式。

本件雕版印刷《观弥勒菩萨上生兜率天经》，卷末保存了三行题记，为雕版印刷史提供了重要史料。这种形式，成为后代雕版印刷典籍常用的模式。

“功德主讲上生经僧栖殷”：

这是目前所见雕版典籍中保存最早的“讲经功德主”衔名。其实，本卷所刊文献，只是沮渠京声译《观弥勒菩萨上生兜率天经》白文，并无疏释内容，而这种“署名”方式，无疑反应了该经典的“来源”出处有自，是经过名师讲过、校勘过的，具有那个时代通常使用的“广而告知”的作用。这种形式，在后代印刷典籍中常见，比如：《观弥勒菩萨上生兜率天经疏》，为唐唯识宗创始人、百部疏主窥基所著，但是辽刻本的卷尾却刊题记“燕京悯忠寺讲唯识论法华经释诠晓定本”[1]，这个意思是说，本卷雕版时，已经由辽代讲《唯识论》《法华经》大师“诠晓”勘正文字，校订版本。同理，“僧栖殷”是讲“上生经”的功德主，将他的名字标志在卷尾，正是表示本经经过他“认定”。

“雕经人王仁珂”：

是目前所知最早的雕版刻工。写本时代，经卷上往往有抄经者落名，即是一种做功德的方式，也有计件收取费用的含义。以后，这种形式沿用到刻本上。

“天成二年十一月　日邑头张汉柔”：

此为经典的落款，通常包含时间和责任者。“天成二年十一月　日”是本件雕版完成的日期。“邑头张汉柔”，是雕造此件《上生经》的负责人。“邑”，又称“邑会”，在古代印度，是佛教徒做斋会的形式，佛教传到中国来后，逐渐形成一种斋供活动的组织。“邑头”

[1] 见韦力收藏辽诠晓定本《观弥勒菩萨上生兜率天经疏》卷上。

当是这种组织的管事者。

《撰集百缘经》卷第八“波斯匿王丑女缘”记载：“……（波斯匿王）与诸豪族，共为邑会，日月更作。会同之时，夫妇共来，男女杂合，共相娱乐。诸来会者，各将自妇，共来赴会……”

《杂宝藏经》卷第五“外道婆罗门女学佛弟子作斋生天缘”记载：“尔时舍卫国，有佛诸弟子女人作邑会……徒伴之中有一婆罗门女，邪见不信，不曾受斋持戒，见诸女人共聚斋食，问言：‘汝等今作何等吉会？’……诸女答言：‘我等作斋。’……婆罗门女言：‘汝作佛斋，得何功德？’答言：‘得生天解脱。’……婆罗门斋法，不饮不食。佛斋之法，食好食，饮美浆，此斋甚易，生信乐欢喜。却后寿尽，得生天上，来向佛边，佛为说法，得须陀洹。比丘问言：‘以何因缘，生于天中？’佛言：‘昔在人间，见诸女等聚集作斋，随喜作斋，由是善业，得来生天。’”

佛教传入中国，古代印度佛教徒的斋供活动，与中国人的习惯相结合，形成中国式的佛教邑会。

赞宁《大宋僧史略》卷下“结社法集”记载：“晋宋间有庐山慧远法师，化行浔阳，高士逸人辐凑于东林，皆愿结香火。时雷次宗、宗炳、张诠、刘遗民、周续之等，共结白莲华社，立弥陀像，求愿往生安养国，谓之莲社，社之名始于此也。齐竟陵文宣王募僧俗行净住法，亦净住社也。梁僧祐曾撰法社，建功德邑会文。历代以来成就僧寺，为法会社也。社之法，以众轻成一重。济事成功，莫近于社。今之结社，共作福因，条约严明，愈于公法。行人互相激励，勤于修证，则社有生善之功大矣。近闻周郑之地邑社多结守庚申会，初集鸣铙钹，唱佛歌赞，众人念佛行道，或动丝竹，一夕不睡，以避三彭奏上帝，免注罪夺算也。然此实道家之法，往往有无知释子，入会图谋小利，会不寻其根本，误行邪法，深可痛哉。”

唐代政府曾对这种邑会严加约束。《旧唐书·高宗本纪》咸亨五年：“五月己未诏，春秋二社，本以祈农如闻，此外别为邑会。此后除二社外，不得聚集，有司严加禁止。”其实，在北方地区，直至五代辽金时期，这种邑会更形成以供养、诵读某种经典为主的组织，如“法华邑”“弥勒邑”“金刚邑”等。

《山右石刻丛编》卷九“龙兴寺造上方阁画法华感应记”记载：“城隍信士共结法华邑，都有二十八人，各持念《法华经》一品，至一二年后，伦散出邑，今时秖有六七人，共结其志，供应硖石寺春冬二税若科，兼造上方阁一所，并画法华感应事相及素画弥勒佛，即诸方施者，共同崇矣。”

邑会的活动内容，几乎涵盖了民间佛教活动的全部，不仅读诵经典，还管理施捐钱粮、绘制佛像、起造寺窟等等。辽金时代，这种供养佛教的民间宗教组织，似乎慢慢转变为具有“专业分工”的社会行业组织。在这个过程中，过去具有印刷技术的专业工匠，是否逐渐形成雕版印刷的“行业”组织，这是一个有待深入研究的问题。

本卷天成二年《佛说弥勒上生经》，应该是在张汉柔组织下的邑会雕造的。

本件评价：

1. 本件文献内容，渊源于唐五代时期流传于北方地区的写本。

2. 已经使用适合印刷使用的纸张，不是用书写用纸。说明印刷工艺和技术已经比较成熟。

3. 天成二年，为 927 年，时值五代后唐。本经是继敦煌藏经洞所出咸通九年雕版印刷《金刚经》之后，世界上现存有明确纪年的第二早的雕版印刷书籍，其年代较咸通九年《金刚经》晚 59 年，是中国雕版印刷史的重要实物，具有极高文物价值。

4. 该件卷尾的一组题记，为研究早期雕版印刷典籍的版本文物特征、典籍流通形态，提供了重要的实物依据。

金刚般若波罗蜜经一卷
后秦鸠摩罗什译
晚唐五代刻本

《金刚般若波罗蜜经》，一卷，简称“金刚经”。

早期大乘佛教经典。魏晋之际，佛教般若经典已在中原译出，般若学说开始广为流传，般若“空”“无”学说与门阀氏族、社会名流的玄学空谈、行为超逸相结合，两种思想相互激励，又极大地促进了般若空义思想的发展。

在中原地区，《金刚经》相继六次译为汉文本：（一）后秦鸠摩罗什译《金刚般若波罗蜜经》；（二）北魏菩提流支译《金刚般若波罗蜜经》；（三）南朝陈真谛译《金刚般若波罗蜜经》；（四）隋达摩笈多译《金刚能断般若波罗蜜经》；（五）唐玄奘译《能断金刚般若波罗蜜多经》；（六）唐义净译《佛说能断金刚般若波罗蜜多经》。

鸠摩罗什（343—413），龟兹人。祖上为印度婆罗门族，父鸠摩罗炎为龟兹国师。建元二十年（384），罗什被吕光虏至凉州，留拘十七年。弘始三年（401），后秦攻陷凉州，罗什被迎请至长安。自弘始四年（402）始，罗什在长安翻译佛经，至十五年逝世止，前后翻译佛经三百余部。

本件为鸠摩罗什译本，后代流传最广。

（一）外观

卷轴装。卷首残，卷尾全，长 365.9 厘米，存八版：七、八、九、十、十一、十二、十三、十四。

尾题前有刻工："李仁锐雕印。"

经文后有《金刚经陀罗尼》3 行；

最后，有转经回施文 9 行，称："以此尅引板及施经功德，伏愿……"

（二）版式行款

1. 基本数据

版序	纸长（厘米）	行数	版片号及位置
（残佚）	（残佚）	（残佚）	（残佚）
7	（存）9.5	（存）5	未见版片号。
8	51.5	27	版片号似在版端，已经残损。
9	51.0	27	未见版片号。
10	50.9	27	版片号：十。在段落空白处。
11	51.8	27	版片号：十一。在段落空白处。
12	50.5	27	版片号：十二。在版端。
13	50.0	27	版片号：十三。在版端。
14	50.7	24	无版片号

2. 版片号

本件雕版的长度差距较大，版片号标写的位置更有较大随意性（这一特点，与咸通九年《金刚经》颇有相似的地方）。

3. 数据分析

（1）纸张的长短有一定差距，每纸从 50 厘米，到

51.8 厘米，书板的加工工艺，尚较“原始”；

（2）每版文字，为标准 27 行，行 15 字，说明两个问题：之一，或说明底本很标准；之二，或说明写板已经规范；

（3）本件的版片号没有固定位置，有的在版端，有的在段落空白处，表明版式安排尚有一定“原始”性，还不太成熟。

（三）字体风格

1. 本件字体，保存比较浓郁的唐代写经风格。

2. 本件雕版，刀法细腻，比较准确地保留了书写风格。

（四）纸张

1. 纤维细腻；

2. 厚薄不均匀；

3. 韧性不好。

（五）题记

本件署刻工名“李仁锐雕印”一句，刊在卷尾题前。经题后刊“金刚经陀罗尼”，再后题“转经回施文”：“以此尅印板及施经功德，伏愿当今 / 皇帝龙图永固，宝祚唯新，舜河与定水俱清 /，尧烛共慈灯并照。然后干戈倒载，四野咸安，/ 风雨叶和，万方宁肃。四生九类，彼岸齐登，六 / 道三途，苦源俱出。持经之者，所愿契心，一历听闻，/ 顿生悟解。先亡眷属，授报天宫，宿世雠冤，/ 愿生佛刹。仍希自身，长乘雨露，永沐 / 天恩。依神道乃往谤消除，托盛贤乃祯祥集 / 降。次愿阖家清谧，并保无虞，法界有情，同沾此福。/”（图 1-7）

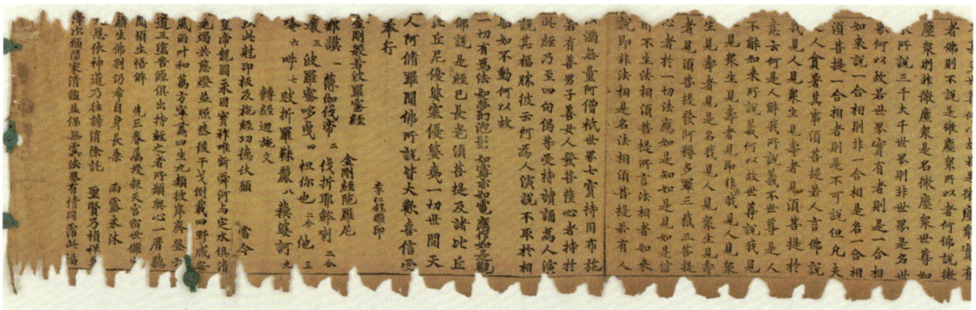

图 1-7　李仁锐雕印《金刚般若波罗蜜经》

本件题记，在两个方面具有特别意义：刻工李仁锐名字和雕版印刷用语。

1. 刻工李仁锐名字

晚唐五代雕版印刷典籍存世少，保存下来的刻工名录更少。本件刻工“李仁锐”与前述天成二年《佛说弥勒上生经》刻工“王仁珂”，都是早期雕典籍罕见的刻工资料，尤显珍贵。

2. 雕版与印刷的用语

天成二年“雕经人王仁珂”题记所用之“雕”（雕）字，已经成为五代时期雕版印刷的熟语，与本件题记中“雕印”异词同义的“尅印板”一词，都值得深入研究。雕版印刷术发明之初，人们如何称雕刻的板木，资料极少，868 年（咸通九年）雕版印刷的《金刚经》可以提供一点资料，题“咸通九年四月十五日王玠为二亲敬造普施”，所谓“造”者，这是保留了写本时代抄写经典的习惯。而到晚唐五代时期，这种情况有了变化：

比如926年（天成元年）《大隋求陀罗尼》题记：“岁在丙戌……报国寺僧知益发愿印施，布衣石弘广雕字。”[1]

947年（开运四年）雷延美雕刻的《大慈大悲救苦观世音菩萨》像，题“曹元忠雕此印板……”[2]

947年（开运四年）《大圣毗沙门天王像》题：“曹元忠请匠人雕此印板……。”

950年（乾祐三年）雷延美刻《三十二分金刚经》，有“雕板押衙雷延美”署名[3]。

972年（开宝五年）刻《炽盛光消灾吉祥陀罗尼经》用“发心印造……”一语[4]。

981年（太平兴国六年）刊《金刚经》，题“教化四众，印《金刚经》一千五百一十七卷”[5]。

984年（雍熙元年，甲申岁）雕版《弥勒菩萨像》左侧刊：“甲申岁十月丁丑朔十五日辛卯雕印普施……”[6]

1001年刊《梵汉文陀罗尼经咒》，下部为刊雕牌记：“剑南西川城都府净众寺讲经论持念赐紫义超同募缘传

[1] 温玉成：《中国石窟与文化艺术》，上海：上海人民美术出版社1993年。
[2] 英国国家图书馆敦煌遗书Or.8210/P.13。
[3] 英国国家图书馆敦煌遗书Or.8210/P.11、法国国家图书馆敦煌遗书伯4515号。
[4]《奈良县所在中国古版经调查报告书》，日本奈良教育委员会事务局文化财保存课2001年编辑发行。
[5] 2015年秋季，北京瀚海拍卖有限公司上拍。
[6] 日本京都清凉寺藏日本奝然自宋携回单张旃檀佛像，国家图书馆古籍馆舆图组收藏照片。

法沙门蕴仁传法沙门蕴谦……（以下募缘僧俗名录）。咸平四年（1001）十一月日杭州赵宗霸开。”

1005年（景德二年）八月梵汉文陀罗尼经咒，“传大教梵学沙门秀璋书，所将雕板印施功德……”[1]

从目前所存早期雕版印刷实物上保存的“雕版”“雕字”等用语看，大约在晚唐五代到北宋初期的一段时间内，描述雕版的词语，已经趋于固化，并逐渐统一。这是雕版印刷技术趋于成熟的一个重要标志。本件“李仁锐雕印”的《金刚经》正是这个时期堪称标本的实物证据。

本件评价：

1. 本件经文，保存晚唐五代之后传本所具有的特点。

2. 本件版片号不规范，反映该件装帧装潢的原始特征。

3. 本件晚唐五代时期雕版经卷，其写经字体风格、版式安排等方面，尚保存写本时代诸多特点。由于本件没有明确纪年标志，根据本件的字体、纸张等方面因素综合考量，鉴定者较为宽泛地定为晚唐五代时期。

4. 本件时代应该在晚唐五代初期，堪称中国早期雕版印刷技术的重要标本，具有重要文物价值。

---

[1] 以上两条资料，见叶瑞宝：《瑞光塔发现咸平本〈大隋求陀罗尼〉经刻印地区的探讨》，载《苏州大学学报》（哲社版）1982年第2期。苏州博物馆编：《苏州博物馆藏虎丘云岩寺塔瑞光寺塔文物》，北京：文物出版社2006年。

弥勒下生经一卷
后秦鸠摩罗什译
五代北宋初刻本

《弥勒下生经》，一卷，全称“佛说弥勒下生成佛经”，一名“弥勒当来成佛经”。

本经内容主要叙述弥勒菩萨下生、成道、说法等事。经文生动描述弥勒将来下生此世界，于龙华树下，三会说法、救渡众生，自己亦生此世界，于龙华树下听受说法成佛。

魏晋间，弥勒经典传入中原，以翻译和抄写弥勒经典、绘制弥勒形象、开凿和供养弥勒造像为内容的信仰活动，在中国社会各阶层逐渐传播，形成弥勒信仰，并演化成为中国佛教的净土信仰。

该经历史上有多种译本，本件为鸠摩罗什翻译。

（一）外观

卷轴装。卷首残，卷尾全。全件总长 152.6 厘米，高 26.8 厘米，存经文 87 行。卷尾存原轴，轴头涂黑漆。

本件存两版六纸，由于经板过长，故印刷时由多张纸粘接，先接纸，后印刷。

第一版残长 46.5 厘米，存 27 行，2 纸；

第二版长 106.1 厘米，60 行，存 4 纸。上下单边。本经全卷应该有三版，目前仅存原长的一小半。

本件装帧特点为板长纸短，先多纸拼接，后印刷装帧。

经文后存尾题：“弥勒下生经。”没有刻工、没有题记。

本件古时已残破严重，卷背有古人托裱修补，托裱纸用五代寺院文书，文书内容上保存有五代年号。

（二）行款版式

本件的行款、版式，受版片和纸张两方面约束。

两版六纸，第一版残长 47.5 厘米；第二版长 106.1 厘米。

残存版序	纸张长度（厘米）	行数	版片号及位置
1	（残）47.5（2纸缀接）	27	无版片号
2	101.7（4纸缀接）	60	无版片号

从存残状况看，版片相当长，这种状况很少见。大概也因为总长度只有三版，即便不标识版片号，一般也不会致使经板混乱。

（三）字体风格

1. 本件字体较为规整，反映该时代写版工艺已经达到相当成熟阶段。

2. 本件雕版细腻、精致，反映五代北宋间雕版技术已经趋于成熟。

（四）纸张

1. 纸为皮质纤维；

2. 纸张厚薄均匀。

本件评价

1. 本件古时已残破严重，卷背有古人托裱修补，托裱纸张为五代时寺院文书，文书内容上保存有五代“广顺”□□年号，广顺，后周，共三年，951—953。

2. 本件是中国早期雕版印刷术重要实物证据，反映了雕版印刷技术从原始开始走向成熟。

总结　如何看上述几件早期雕版印刷典籍

如前所述，评价一件雕版印刷典籍是否成熟，关键看其在早期雕版印刷发展过程中的位置。

有关中国古代雕版印刷术起源的三个阶段：雕版、雕版印刷、雕版印刷书籍，上述三件早期雕版印刷佛经，经文较长，每版承载的文字量足够丰富，显然已经是成熟的雕版印刷实物。

天成二年的《佛说弥勒上生经》雕版时代明确，是全世界早期雕版印刷典籍中有明确纪年的第二件，是我国目前收藏的有明确纪年最早的一件。

《金刚般若波罗蜜经》保存较多写本时代特征，从字体、纸张、版式诸方面考察，当是晚唐五代刻本。

《弥勒下生经》，从字体、纸张、版式诸方面判断，雕版时代当在五代北宋之间。

三件早期雕版印刷佛经的重要意义在于：

1. 这三件实物，可以证实中国古代雕版印刷技术，从萌芽，到应用，再到成熟，有一个漫长的发展阶段。这三个阶段可以表述为：雕版技术出现、雕版印刷技术初步应用、雕版印刷书籍广泛应用三个阶段。三个阶段都经过相当长期的发展、过渡。

2. 晚唐五代到北宋之际，正是中国雕版印刷技术从产生到广泛应用的时期，经过这样一个阶段，进入北宋之后，中国典籍的“出版”，正式从写本时代，进入雕版印刷时代。这三件早期雕版印刷典籍，在中国雕版印刷史中，居为重要一环，是重要的实物证据，具有特别重大意义。

第二章 国家图书馆佛经类文献修复回顾

一、国家图书馆佛经类古籍修复历史概况

佛经类文献是佛教文化的物质载体，也是我国传统文化的重要组成部分，对其进行保护与修复具有重大意义。国家图书馆（以下简称“国图”）古籍修复事业自建馆时便启动，已有百年历史。在这期间，有几代修复师投身其中，不断钻研，成功修复了大量珍贵典籍，其中即包括佛经类文献。

目前国图已修复完成的佛经类文献中，最有代表性的为《赵城金藏》、敦煌遗书、西夏文献三大修复项目。这三大类文献价值高，体量庞大，破损情况复杂多样，其修复成果也为中国古籍修复提供了经典案例。在艰辛的修复历程中，国图修复工作者们不仅积累了大量技术经验，也不断探索和完善了修复理论和科学保护文献方法。其中，四大修复原则的形成至确立、纸张纤维测定、修复电子档案的建立等都是在这三项修复项目过程中发展起来的。这些成果一方面有效辅助了佛教文献的修复工作，使这些文献的寿命得到延长，方便为学界服务，另一方面也为当代中国古籍修复工作建立了科学的理论基础和操作范例，为古籍修复事业走向科学化、规范化道路奠定了坚实的基础。

二、《赵城金藏》的修复与“整旧如旧”修复原则的形成

《赵城金藏》是金朝熙宗皇统年间（1141—1149），潞州（今属山西长治）民女崔法珍在山西、陕西部分地区断臂化缘、募资所刻汉文大藏经。因发现于山西赵城（今属洪洞）广胜寺，故后世称之为《赵城金藏》。这部规模浩瀚的佛教典籍以数千卷的篇幅汇集了佛经，具有很高的史料价值，雕刻工整，纸质优良，印刷清晰，极为珍贵。

《赵城金藏》请印之后，一直放置于山西广胜寺。1942 年春，侵华日军觊觎这一稀世珍宝，八路军某部闻讯后派员夜入古刹，与当地僧众将经卷连夜搬出，避免了此批文献被日寇夺掠。1949 年 4 月 30 日，这部《赵城金藏》被运送到北平图书馆（今国家图书馆）入藏。由于此部佛教典籍曾长时间存放于潮湿的煤窑中，大半霉烂破碎，已经无法展卷阅读，因此必须进行全面的抢救性修复。北平图书馆接收《赵城金藏》后不到一个月，立即向中国人民解放军北平军事管制委员会文化接管委员会递交了关于“拟具增设技工四人（技工二人、学徒工二人）整理赵城藏由”的呈文。此时的北平图书馆只有四名修复人员，难以完成平时的修复任务，更无从谈起《赵城金藏》的修复工作。很快，北平图书馆的要求得到了上级的批准，从此开始了漫长的《赵城金藏》修复工作。

《赵城金藏》修复之初，国图的修复部门明确地将“保持古籍原样”作为修复目标，而“保持原样”实际上就是现在“整旧如旧”修复原则的早期表述。1950年5月的一次关于《赵城金藏》的座谈会上，时任善本部主任的赵万里先生在发言中说道：“过去本馆装修的观点是将每一书完全改为新装，此办法始而觉得很好，其后则发现它不对。一本书有它的时代背景，所以自廿三年后决定不再改装，以保持原样。”可见当时我馆的善本修复工作就已经有了“修旧如旧”的意识，但并无明确的理论总结。直至20世纪70年代末，陶骏玲才完整表述了古籍修复“整旧如旧”的概念（图2-1）。

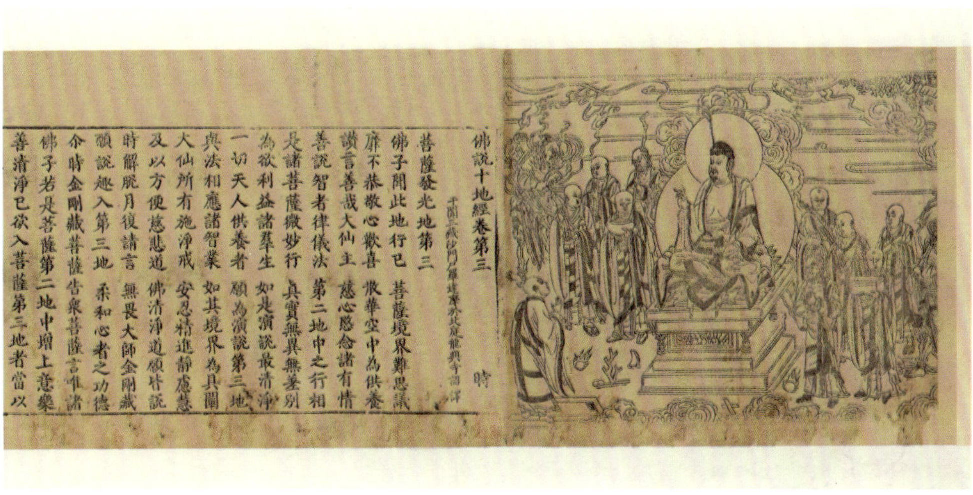
佛說十地經卷第三
于闐三藏沙門尸羅達摩於北庭龍興寺譯
時
菩薩發光地第三
佛子聞此地行已　菩薩境界難思議
靡不恭敬心歡喜　散華空中為供養
讚言善哉大仙主　慈心愍念諸有情
善說智者律儀法　第二地中之行相
是諸菩薩微妙行　真實無異無差別
為欲利益諸羣生　如是演說最清淨
一切天人供養者　願為演說第三地
與法相應諸智業　如其境界為具闡
大仙所有施淨戒　安忍精進靜慮慧
及以方便慈悲道　佛清淨道願皆說
時解脫月復請言　無畏大師金剛藏
願說趣入第三地　柔和心者之功德
尒時金剛藏菩薩告衆菩薩言唯諸
佛子若是菩薩第二地中增上意樂
善清淨已欲入菩薩第三地者當以

图2-1　赵城3761《佛说十地经》

实际上，“整旧如旧”的修复原则并不是全新的观念，古人也有过类似的表述。早在6世纪，贾思勰就在《齐民要术》中提出修书要尽量做到让人看不出修补的痕迹。这种理念其实已经和今天古籍修复“整旧如旧”原则比较接近了。不同之处在于，中国古人强调保存旧物的“旧气”，强调修复完成后，要让人看不出修过的痕迹，却没有形成科学化、制度化和规范化的理论。“整旧如旧”原则则是强调对文物所有的原始信息的保留，包括装帧形式、尺寸，甚至是轴头、穿线等“边角料”。

在《赵城金藏》的修复过程中，国家图书馆的修复师们采用传统的修复工艺，尽量地保留了《赵城金藏》的原貌和原始的文物信息。据杜伟生先生所述，《赵城金藏》的修复共分九个步骤：“蒸：将因霉变粘在一起的经卷包上毛巾，外面再裹上纸，放在特制的笼屉里蒸。揭：将蒸过的经卷外层轻轻揭开，揭不开再蒸，直到书叶全部揭开为止。托：在揭开的书叶面粘贴一层纸，上墙绷平。裁方：将托好的书叶裁成四方形。接纸：将书

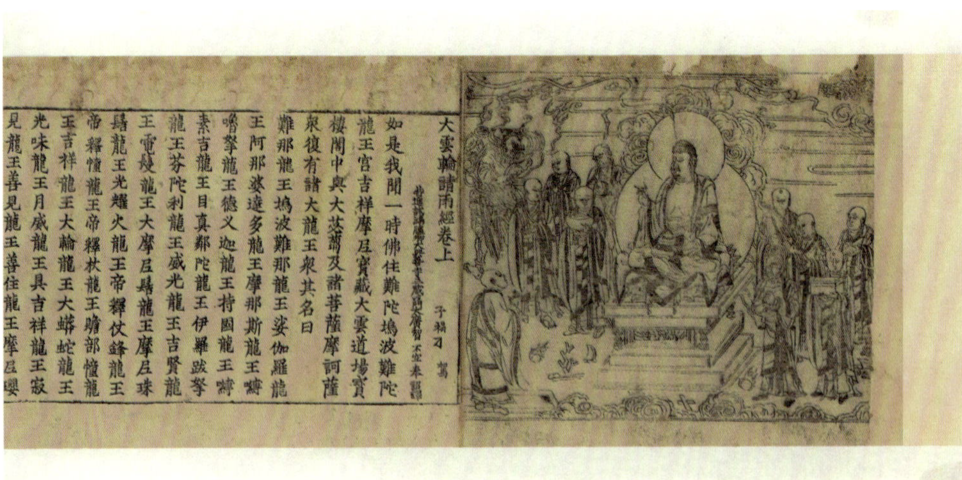

图 2-2　赵城 3655《大云轮请雨经》修复后卷首

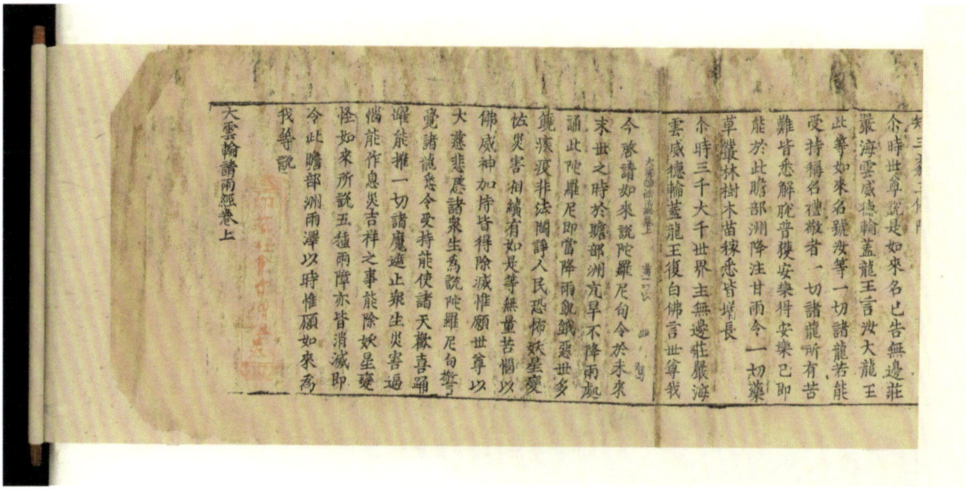

图 2-3 赵城 3655《大云轮请雨经》修复后卷尾

叶按顺序粘连在一起。上褙：在书叶背面粘上褙纸，上墙绷平。砑光：在褙纸上打蜡，用石头砑光。裁齐：裁齐经卷的上下两边。装天地杆：在经卷首尾两端加装天地杆。”[1]

从修复步骤来看，国图对《赵城金藏》的修复基本保留了其原始的装帧形式，这对于古籍版本的研究者而言意义重大。这次长达十多年的修复，使得破坏严重的佛教典籍获得了新生。《赵城金藏》的修复也是中国文物修复历史上的经典案例，其重要性毋庸置疑。但站在今天的角度来看，彼时的修复尚有许多不足。杜伟生先生就曾总结出五点“教训”：“一、部分经卷被换掉了褙纸；二、很多经卷被全卷托裱，使经卷大大加厚；三、

[1] 杜伟生：《〈赵城金藏〉修复工作始末》，《国家图书馆学刊》2003 年第 2 期。

经卷上下两边被裁齐，使原有的纸张受损；四、部分经卷的天地杆被换下，影响了修复效果；五、修复工作没有留下任何的文字记录和图片资料。国家图书馆收藏的《赵城藏》一共有4813卷，其修复过程长达16年，而前前后后没有留下一个字的工作记录、一个字的档案，这对于国内第一个大型文物修复工程来说，不能不说是一个遗憾。”[1] 因此，我们可以认为，《赵城金藏》的修复虽然大体上遵循了“整旧如旧”的修复原则，但囿于当时的条件以及修复理念，在具体操作过程中，仍然未能完全保留古物的原始信息。

三、敦煌遗书的修复与修复原则的完善

敦煌遗书是指1900年在甘肃敦煌莫高窟发现的4—11世纪多种文字的写本、印本和拓本文献，总数约6万件。其中90%以上为佛教经典，其余为经、史、子、集四部书籍以及官私文书等文献，内容极为丰富，被誉为“中国中古时代的百科全书”。国图收藏的敦煌遗书达16579号，写卷长度为世界各大藏家之首，是世界上收藏敦煌遗书最丰富的机构。

敦煌遗书作为中古时期写本时代的遗物，时间跨度长，能够呈现出各种不同时期、不同地域、不同原料的纸张，为我们研究中国造纸术的产生与发展提供了珍贵

[1] 杜伟生：《〈赵城金藏〉修复工作始末》，《国家图书馆学刊》2003年第2期。

资料。采用不同装帧形式的敦煌遗书，也为我们展示了中国古代早期书籍装帧形式的发展演变过程。但是这批极具价值的历史文献由于年代久远，在民国间又长期处于颠沛流离、秘密封存的状态，入藏我馆后也长期保存在几十个战备木箱中，一直没有得到稳定的保护和修复，整体面貌都较为残破：较为严重的卷子纸张已经严重老化，一触即碎，严重影响展阅；还有些卷子曾被泥土、油脂、水侵蚀，纸张脆硬或糟朽。因此，大量的敦煌经卷急需抢救性修复。

1991 年 3 月，在时任馆长任继愈先生的领导组织下，敦煌遗书的修复工作被列入国家图书馆“八五”期间的重点工作中。这是继修复《赵城金藏》后，第二次大规模的佛经类文献修复项目。此次修复成果在国家图书馆古籍修复史上具有十分重要的意义，因为与之前修复《赵城金藏》有着极大的不同，不再是一开始便凭借传统经验进行大规模修复，而是经过反复讨论、实验和总结，确立好修复原则后才启动修复的。冀淑英先生首次提出了“抢救为主、治病为辅”的指导方针，要求在整治敦煌遗书时突出重点，解决了修复破损古籍的先后问题，使修复工作由无序变有序，也标志着古籍修复开始向科学化迈进。

具体修复方案为以下四点：

1. 在指导思想上，严格贯彻“整旧如旧”的原则，尽可能保持写卷原貌。此前《赵城金藏》更换褙纸，裁齐经卷上、下两边，更换天地杆，整卷托裱等方式，在此次修复中都予以改进，因为原件上所有材料都含有重要历史信息，不能随意割弃。另外，对“整旧如旧”这一概念也不能片面理解成为恢复到某年代的原始状态，而是最好保持我们现在所看到的状态不再发生改变。

2. 在修复方法上，坚决摒弃传统的通卷托裱方式，采用以局部修补为核心的全新修复方法，即“最少干预”。一方面可保护卷子背面信息，另一方面做到最少干预原件。在具体操作中，虽没有通卷整托，但仍然在没有轴杆的卷子上加了新轴，用来保证敦煌卷子不会因自身重力没有得到支撑而发生断裂损坏；同时选用质地结实又有一定年份的乾隆高丽纸作为包首，将卷子虚卷起来，最大限度保护敦煌遗书。

3. 在外观效果上，要求修复时附加的裱补纸与原卷必须有明显的区别，目的是避免过度修复而干扰原有信息，妨碍后人的研究与判断。

4. 在保留处理上，要求修复工作本身是可逆的。中国传统修复方法中有很多都没有考虑到材料的可逆性，西方的英国国家图书馆也曾在修复敦煌遗书中使用化学粘合剂、丝网加固、纳米镀膜等不可逆的方式进行修复，这对文献的长久保存十分不利。因此，要总结经验，扬长避短，在修复敦煌写卷时要求所有的修复手段、修复材料均不会对原件造成任何损害，以备将来如果有更好的保护技术出现，可随即恢复修复前原貌。

在上述修复原则的指导下，使用中国传统修复技法，历经十余年，国家图书馆修复完成了累计近 6000 米破损严重的敦煌遗书。其常见的破损情况有：毛边、破口、缺损。修复后，原来破损的地方都用相近质地且无酸纸张（构皮纸、桑皮纸）补好，毛边处也通过粘接宽纸边的方式使其得到完整留存；原卷的装帧形式、正反面文字信息、卷轴乃至前人缀合时所用的线绳都得到了妥善保存；每件敦煌遗书都添加了乾隆高丽纸包首和拖尾，但没有与原件粘连在一起，只起内卷外包的保护作用；针对残片采用平面收藏方式，用手工宣纸制作相应规格纸袋，将残片按大小分类存放；民国时期的包装与原卷放在一起，以存留收藏、标注信息等。为了更好地保护这批国宝，2002 年财政部拨专款为敦煌遗书制作书柜、装具并建立专藏书库，每一件敦煌卷子都有了防光、防尘、防虫的独立装具，残片也配置有专门的木盒。

敦煌遗书修复原则是在“整旧如旧”理念的基础上，进一步完善和科学化，不仅对敦煌遗书修复工作意义非凡，同时也完全适用于所有古籍的修复，在国际上也得到了各国修复专家的认可和赞赏。

四、西夏文献的修复与修复档案的建立

西夏历时 190 年（1038—1227），历代诸王均崇信佛教。早在其未建国之前，佛教即由汉地传入。是时，党项权贵常遣使献马求经，西夏建国后亦复如此，曾先后六次自中原请得佛经。

随着佛教在西夏的逐渐兴盛及西夏统治者对佛经的重视，刺激了西夏印刷业的兴盛。西夏刻印佛经，自前期已经开始，至中、后期则呈现繁荣的局面。其所刻文

字，有西夏文，也有汉文，间有藏文和梵文。除文字外，尚有佛画。流传于世的精品甚多，其书法之谙练，画技之娴熟，都表明了西夏镌刻技术之精，堪与刻印事业发达的宋朝相媲美。由于西夏信佛人数众多，印刷佛经数量也很大，有的一部佛经一次印刷达十万卷。西夏刻印佛经地点也非止一处，各经的板式不一，字体各异，表现出不同的艺术风格。

国家图书馆是西夏文献藏量较多机构之一，当时藏号总计 124 册，5000 余面。其中通过采访购入的灵武西夏文佛经，构成了国图所藏西夏文献的主体。入馆之始，这批西夏文献破损严重，需进行修复方可为学界服务。为保护这批珍贵文献，促进西夏学的进一步发展，2003 年，本馆原善本特藏部在敦煌遗书修复期间对馆藏西夏文献也进行了全面修复（图 2-4）。

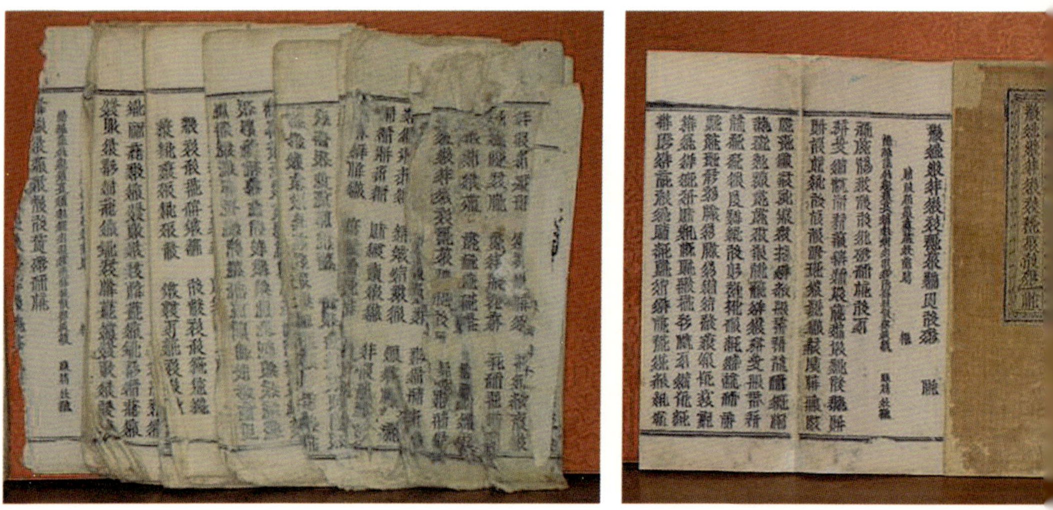

图 2-4　西夏文献修复前后

对于西夏文献的修复，从调研、论证到修复完成，历时一年。期间除在修复指导方针上严格遵循古籍修复的四项基本原则之外，具有创新突破的有以下几点：

1. 对西夏文献用纸进行了纸张纤维检测

在修复工作开始前，提取西夏文献的纸样（取已经脱落的无文字残渣），利用显微镜和纸张纤维分析系统进行纸张成分分析。这一操作有助于修复人员能够更加科学地选用修复材料，直接影响到文献修复后的质量。以往修复人员选择修复材料，主要用眼看、手摸，凭借经验选择。经验固然重要，但如果有更客观的科学技术辅助支持，会让这一工作事半功倍。并且，在此次纸张检测的结果中发现，西夏文献用纸中除了麻纸、皮纸之外，还有竹纸的成分。这说明，纸张分析不仅能够帮助准确选择修复配纸，也能够为研究西夏国当时经济、文化发展提供客观资料。

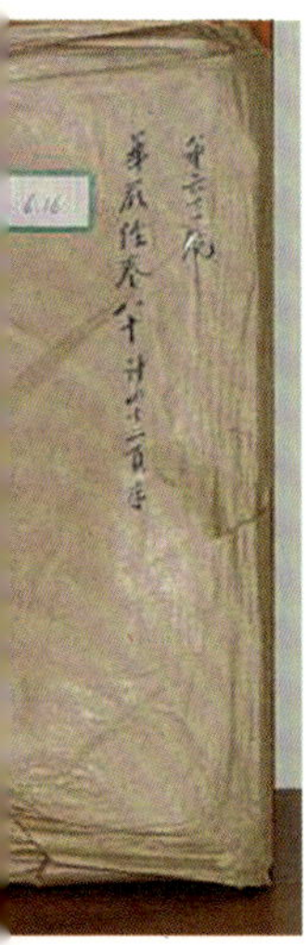

2. 建立了比较完备的电子修复档案

20 世纪，修复《赵城金藏》，囿于当时条件，没有修复档案的留存，给我们留下了很大的遗憾。因此在西夏文献修复过程中，我馆修复人员建立用计算机管理的“古籍修复档案管理系统”，该系统内容简明、保密性强、使用方便、检索效率高，主要包括三个方面的内容：文献参数（尺寸、纸张 PH 值等）及修复前破损状况的文字记录、修复前后的数码影像记录、纸张纤维检测结果（纸张纤维图）记录。存入数据库的电子档案可随时调出，为今后的修复工作留下了宝贵的参考资料和研究信息。

3. 专家的全程参与

这批文献的装帧形式全部为经折装，但大部分折口部分已经断裂。有很多在褙纸上保存有大量文字，其中有的被印刷史专家们认为可能是最早期的泥活字和木活字印刷品，特别是从数层相粘的书皮纸上发现了多种文字的文书资料，对西夏学研究有重要价值。而如何做到既能将文献完整呈现，又能保持其原有面貌，成为修复西夏文献的难点。另外，西夏文字早在清代就成为了几乎无人能识的“死文字”，对于文献的排列顺序及残片的准确归位也是难点之一。针对这些问题，当时善本特藏部延请西夏文专家史金波先生作为顾问，从修复方案的制定，到修复用纸的选择，最后残片的处理，都认真听取了史先生的意见。一个修复项目从始至终有文献专家参与，意义重大。实践证明，这对于修复工作也十分有利。

4. 修复方法灵活

在西夏文献修复技术方面始终运用传统修复方法。针对前人用有文字的纸作为托裱纸托过的西夏文献，将托纸在原位揭开，拍照后再进行归位。这样一来方便向专家学者提供文献内容，二来保持了文献原状。

这批文献中还有大量封面是用带有文字的纸张层层裱糊，将其逐叶揭开后发现有一批书写或刻印有西夏文和汉文。其中汉文献中也包含大量佛教文献，是研究西夏佛教的重要资料。所以对封皮纸板中写有文字的裱糊纸，采用两种处理方式：一是将部分书册封皮纸板层层揭开，按残片形式编号装订成册；另是将纸板中有文字的纸张揭开扫描，然后再将其复位。

馆藏西夏文献修复工作历经一年时间得以顺利完成。

五、不忘初心 牢记使命

在不断总结经验和探索前进的过程中，国家图书馆所藏《赵城金藏》、敦煌遗书、西夏文献等佛教文献修复工作得以顺利完成，与此同时，形成了一套比较成熟的古籍修复原则，大大促进了国家图书馆古籍修复工作和研究。更重要的是，这期间体现出古籍修复开始“与时俱进”的理念，一边继承老一辈宝贵经验，一边不断吸收当代先进的文献保护理念和科技手段，使古籍修复工作沿着科学、规范的道路不断进步和发展。

如今，国图的古籍修复工作在上述成果的基础上又进入了一个新的时代：多学科修复人才的引入、科学化的工作管理、科技手段与设备在修复工作中的合理应用等，使古籍修复的规范性又得到进一步的提升，佛经类典籍也因之得到更好的保护。这些经验和认识，正为此次三件早期雕版印刷佛经的修复奠定了坚实的理论基础和技术保障。

第三章 三件早期雕版印刷佛经修复工作大事记

2015年国家图书馆入藏三件国宝级早期刻本佛经，使我馆藏品质量上了一个很大的台阶。然而，三件早期印刷品历经千年的流离，入藏我馆之前已经残损严重，状态不容乐观，必须尽快开展抢救式修复后，方可提供学者研究及展览、出版使用。入藏前古籍保护科技文化和旅游部重点实验室已经先期介入，对其纸张等做了相关检测，结果显示三件早期印刷品状态岌岌可危，需尽快修复并加强保护，以延长其寿命。

三件早期印刷佛经入藏我馆后存放于古籍馆善本库房内，温湿度、防火、防盗等设施条件得到了有效保证。但由于该批文物传世久远，又加之入藏前保存条件不佳，导致入藏前三件文物均存在严重的纸张糟朽、脆化、缺损等问题，全部可认定为一级（濒危）破损。由于文物纸张强度很低，碎片掉落严重，无法展阅，且存在缺损状况进一步恶化的隐患，亟待修复保护。

馆藏三件早期刻本保护修复项目由国家图书馆古籍馆文献修复组于2015年4月申报，同时启动前期准备工作，2015年9月经馆领导批复立项后，正式启动修复工作，工作内容大致如下：

2015年4月，成立项目组，召开筹备会议，协调人员、场地并初步分工。

2015年4月，确认修复场地安全，提取待修复文献并确认安全责任人。调节影像信息采集条件，并使用专利产品透光修复台首次摄像记录。

2015年4月16日，国图顺利通过了国家文物局组织的相关审核、评估流程，正式获得国家文物局“可移动文物修复资质”。这是国图在纸质文献保护、修复领域取得的又一重要认证。

2015年4月28日，国家图书馆原馆长韩永进到修复室观看三件早期印刷佛经。

2015年5月9日，原文化部部长雒树刚专程到馆观看三件早期印刷佛经。

2015年5月，为《弥勒下生经》拍摄红外线影像。

2015年8月，召开专家研讨会，项目组成员陈红彦、谢冬荣、萨仁高娃、李际宁、杜伟生、朱振彬、刘建明、边沙、李英、胡泊、田婷婷、侯郁然等在听取专家意见和建议基础上进行讨论。经讨论，项目组明确工作重心，确定文献的修复方案。讨论中，一致认为第三件经卷，即背面用通卷文字的纸张通裱的《弥勒下生经》的修复，暂缓进行。

2015年9月6日，提交《关于馆藏三件早期雕版印刷佛经修复方案及经费预算的请示》。

2015年9月10日，采集三件佛经基本影像数据。

2015年9月15日，对经卷进行检测，检测内容包括：佛经纸张成分分析，纸张厚度，纸张帘纹参数，纸张涂布材料分析等。

2015年9月25日，经修复专家研讨选定修复用纸以及制定修复方案；根据原件纸张制配修复用纸。

2015 年 9 月 28 日，染制《佛说弥勒上生经》所需补纸。

2015 年 10 月 13 日，染制《金刚般若波罗蜜经》所需补纸；检测补纸 pH 值。

2015 年 10 月 18 日，利用色差仪进行修复原件与补纸间的颜色对比检测。

2015 年 10 月 21 日，开始对《佛说弥勒上生经》及李仁锐雕印《金刚般若波罗蜜经》开展实际修复工作；表面清洁、润潮展平，局部破损处修补。

2015 年 11 月 3 日，对《佛说弥勒上生经》及《金刚般若波罗蜜经》绘制病害图。

2015 年 11 月，经卷边缘加固，加卷首纸；局部移除及保留前人修复的痕迹；基本完成两件经卷的修复，进行压平。

2015 年 12 月，讨论佛经装具制作方案，并定做。

2016 年 1 月，撰写项目初步报告；邀请专家对经卷修复进行评估讨论。

2016 年 2 月，原国家领导人来馆参观视察，观摩三件佛经的修复情况。

2016 年 2 月，对于修复后的经卷进行 pH 值检测。

2016 年 6 月，三件藏品首次亮相“国家珍贵古籍特展”。

2016 年 8 月，召开专家座谈会，组织整理修复案例书稿；装具、库房等储藏条件核实。

第四章　佛经修复前状况记录

充足的准备工作和科学的工作方法是做好文献修复工作的前提。因此，在实施修复工作之前，应当对佛经展开全面的病害调查，详细记录现状信息，充分了解佛经的基本保存状况，以便为制定科学有效的保护修复方案提供依据。

一、装帧特点

此三件佛经均属卷轴装。

卷轴装又称卷子装，起源于古代早期的简帛，是中国历史上最早也是最为久远的一种书籍装帧方式。纸书卷轴装起源于汉代，魏晋南北朝直至隋唐年间始终盛行。装帧时将纸张粘接成长幅，以木棒或竹片等为轴心，粘于纸张末尾，可自左向右卷成一卷。

世界上最早有确切印制年代记载的雕版佛经唐咸通九年（868）《金刚般若波罗蜜经》印本，亦为此种装帧形式。佛经的卷轴式装帧与其他传统卷轴装并无明显不同，同样将纸叶一次裱接，一端粘于轴心上，卷束后插架。

此三件佛经流传过程中因受保存环境影响，边缘缺损严重，多呈锯齿状，且纸张弯折明显，平展开后整体呈弧形（图 4-1）。

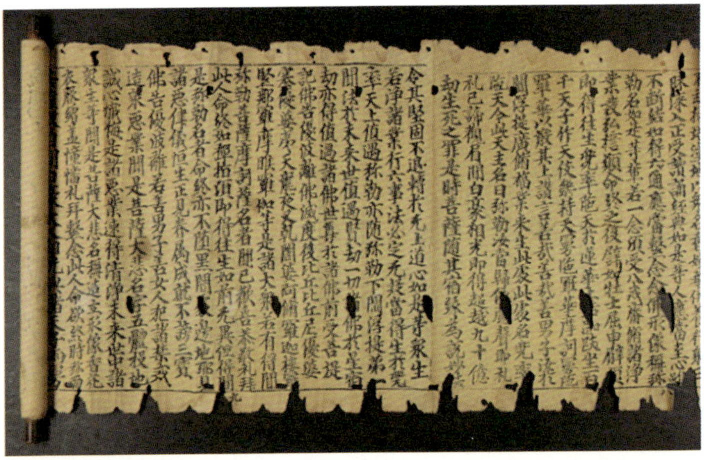

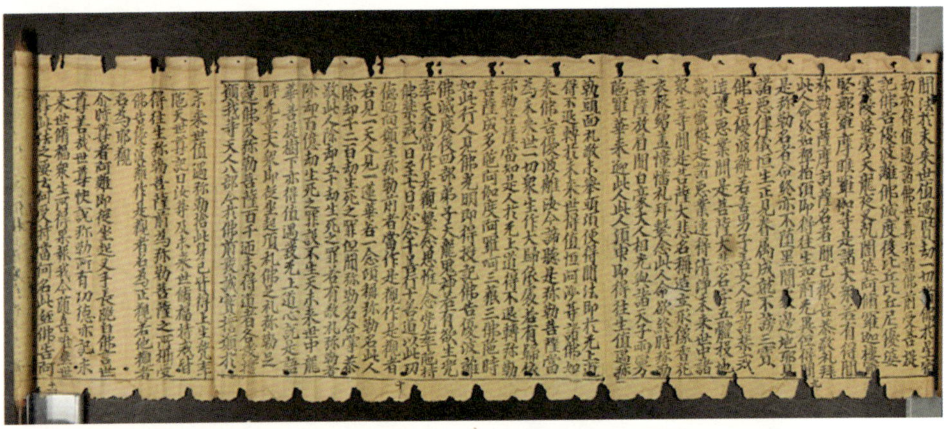

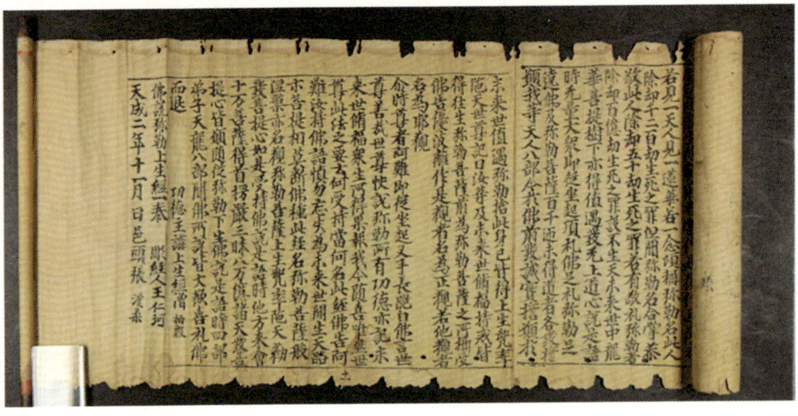

图 4-1（组）　《佛说弥勒上生经》原状图

1. 佛说弥勒上生经

据卷尾雕版年款确定，此经卷为五代后唐天成二年（927）刻本。

修复前全经总长 122.7—123 厘米，宽 23.3—27 厘米，共存 5 纸，单叶长测量值如表 4-1，搭口宽度如表 4-2。卷首缺损，卷尾全，存文字 69 行，行 17—19 字不等。版面印有上下边栏，无界行，每叶下栏下方刊版片号。卷尾轴杆保存较完整，轴头涂朱漆。

单叶序号（以佛经印刷叶码表示）	第八纸	第九纸	第十纸	第十一纸	卷尾
单纸长度（单位：厘米）	20.6—20.7	31.2—31.4	31.5—31.8	31—31.2	7.9—8.1

表 4-1 《佛说弥勒上生经》单纸长度统计表

搭口序号（佛经起始端搭口为 1，末端搭口为 4）	搭口 1	搭口 2	搭口 3	搭口 4
搭口宽度（单位：厘米）	0.4	0.5	o.4	0.3

表 4-2 《佛说弥勒上生经》搭口宽度统计表

全经展开后上下两边走向无太大弧度，较为平直。

卷尾背面有古代修复用纸条残留，尺寸 9×（2.0—2.1）厘米，具体位置如图 4-2 所示。另外，此经卷纸与纸搭接处未严格对齐，接缝处上下栏线错位较明显，粘接状况较牢固，未出现空壳脱胶。个别搭口黏贴边缘纸张已出现局部断裂现象。

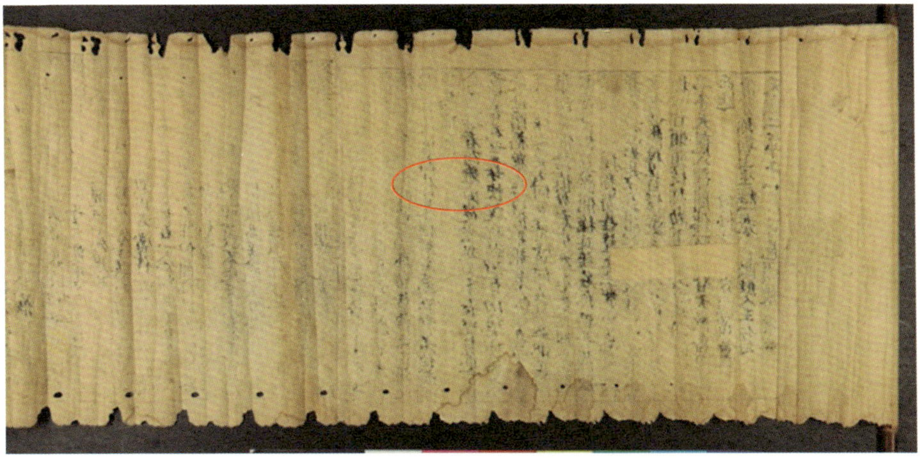

图 4-2　《佛说弥勒上生经》卷尾背面古代修复痕迹示意图

2. 金刚般若波罗蜜经

此卷为晚唐五代初（9—10 世纪间）刻本。

全经总长 366.8 厘米，宽 14.1—24.3 厘米，共存 8 纸。单纸长测量值如表 4-3，搭口宽度如表 4-4。卷首卷尾皆缺损，但卷尾文字内容保留较为完整，文字部分

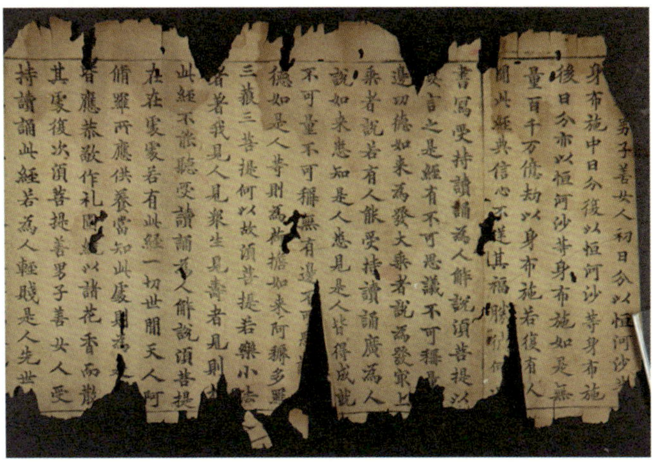

图 4-3 《金刚般若波罗蜜经》原状图

长 130.5 厘米，存文字 39 行，每行 19—20 字不等。版面印有上下边栏，无界行。卷尾地竿已不存。全经展开后上下两边走向弯折弧度较大。

单叶序号（佛经起始叶为一，末端叶为八）	第一纸	第二纸	第三纸	第四纸	第五纸	第六纸	第七纸	第八纸
单纸长度（单位：厘米）	9.4	51.4	51.4—51.6	51	51.6—51.8	50.4—50.6	50—50.3	51.2

表 4-3　《金刚般若波罗蜜经》单纸长度统计表

搭口序号（佛经起始端搭口为 1，末端搭口为 7）	搭口 1	搭口 2	搭口 3	搭口 4	搭口 5	搭口 6	搭口 7
搭口宽度（单位：厘米）	0.5	0.3	0.4	0.2	0.2	0.2	0.5

表 4-4　《金刚般若波罗蜜经》搭口宽度统计表

如图 4-4，卷尾背面同样存有前人修复纸条，尺寸 20.8×1.8 毫米。

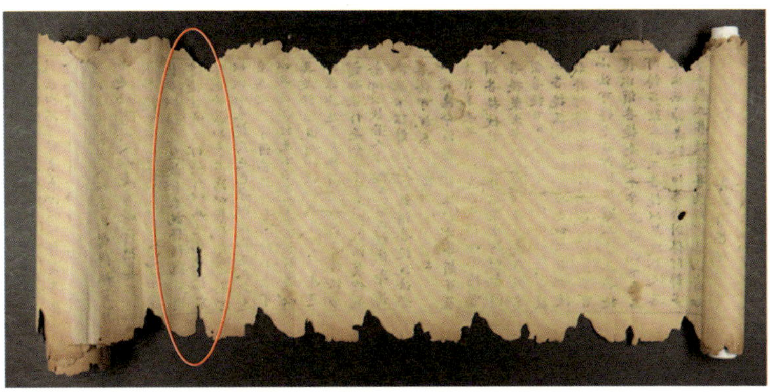

图 4-4　《金刚般若波罗蜜经》卷尾前人修复痕迹示意图

与前一卷相仿，此经卷纸与纸搭接处同样未对齐，接缝处上下栏线错位较明显，粘接状况较牢固，未出现空壳脱胶。

二、用纸特点及分析

1. 外观特征描述

（1）《佛说弥勒上生经》

佛经纸张呈土黄色，质地均匀细腻，表面较平滑，无纤维粗梗，有局部较薄透光。每 1 厘米有 7 道横帘纹，帘纹形态如图 4-5。佛经用纸厚度测量如表 4-5，搭口处厚度如表 4-6。

图 4-5 《佛说弥勒上生经》帘纹形态透光图

测量部位（以佛经印刷叶码表示）	第八叶	第九叶	第十叶	第十一叶
厚度（毫米）	0.12—0.13	0.10—0.12	0.17—0.18	0.11—0.18

表 4-5 《佛说弥勒上生经》用纸厚度测量表

测量部位（佛经起始端搭口为 1，末端搭口为 4）	搭口 1	搭口 2	搭口 3	搭口 4
厚度（毫米）	0.18—0.21	0.34—0.35	0.26—0.30	0.27—0.30

表 4-6 《佛说弥勒上生经》搭口厚度测量表

（2）《金刚般若波罗蜜经》

佛经纸张呈土黄色，质地均匀细腻，表面较平滑，无纤维粗梗，有局部较薄透光。每 1 厘米有 7 道横帘纹，帘纹形态如图 4-6。佛经用纸厚度测量如表 4-7，搭口处厚度如表 4-8。

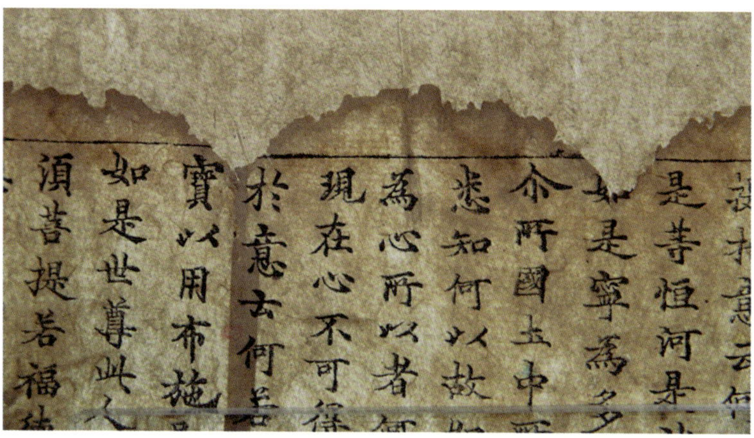

图 4-6 《金刚般若波罗蜜经》帘纹形态透光图

测量部位（佛经起始叶为一，末端叶为八）	第一叶	第二叶	第三叶	第四叶	第五叶	第六叶	第七叶	第八叶
厚度（毫米）	0.21—0.22	0.14—0.17	0.14—0.17	0.14—0.17	0.10—0.17	0.15—0.19	0.14—0.17	0.17—0.19

表 4-7 《金刚般若波罗蜜经》用纸厚度测量表

测量部位（佛经起始端搭口为 1，末端搭口为 7）	搭口 1	搭口 2	搭口 3	搭口 4	搭口 5	搭口 6	搭口 7
厚度（毫米）	0.30	0.35	0.34—0.34	0.34—0.35	0.25—0.28	0.28—0.29	0.28—0.31

表 4-8 《金刚般若波罗蜜经》搭口厚度测量表

2. 纤维分析

（1）《佛说弥勒上生经》

由纤维显微形态图可见，样本纤维经染色后呈酒红色（图 4-7），整体为圆柱形，形态较粗硬，略有弯曲，纤维表面有清晰的横节纹（图 4-9），局部有透明胶质膜，胶质膜整体稍厚（图 4-7、图 4-9），纤维之间散落有少量草酸钙晶体（图 4-8）。符合构皮纤维的形态特征，且为纯构皮。纤维整体形态比较完整，断裂点较少，纤维长度较长，表明纸张内部纤维的物理结构尚好，没有发生严重的老化断裂，这一点与表面观察的结论也相吻合。在纤维之间可观察到混有大量的黄色蜡状物，但没有蓝色的淀粉类胶质，表明纸张仅经过施蜡处理。

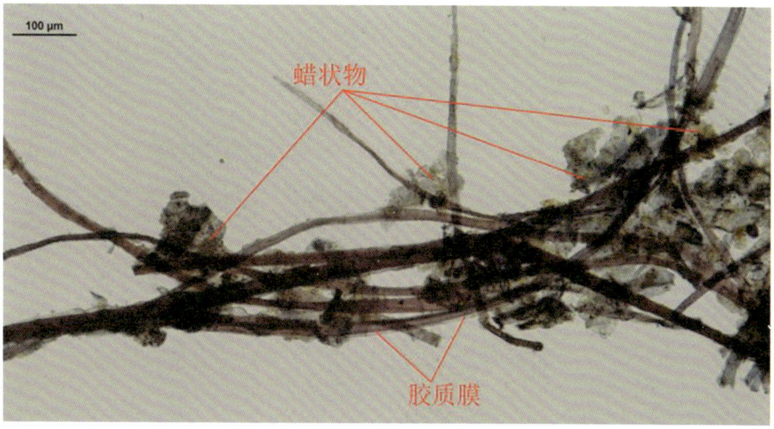

图 4-7　《佛说弥勒上生经》残片样本纤维显微形态图（Herzberg 染色剂染色，光学显微镜 100 倍）

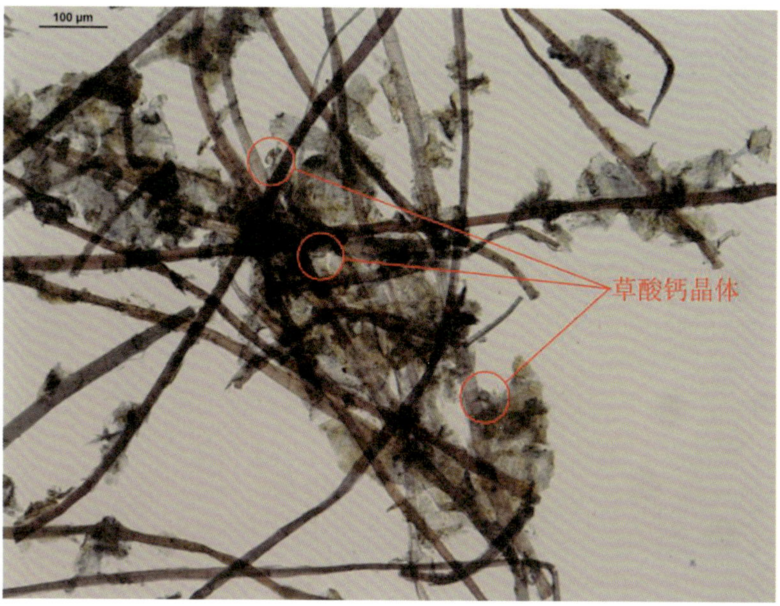

图 4-8　残片样本纤维显微形态图（Herzberg 染色剂染色，光学显微镜 100 倍）

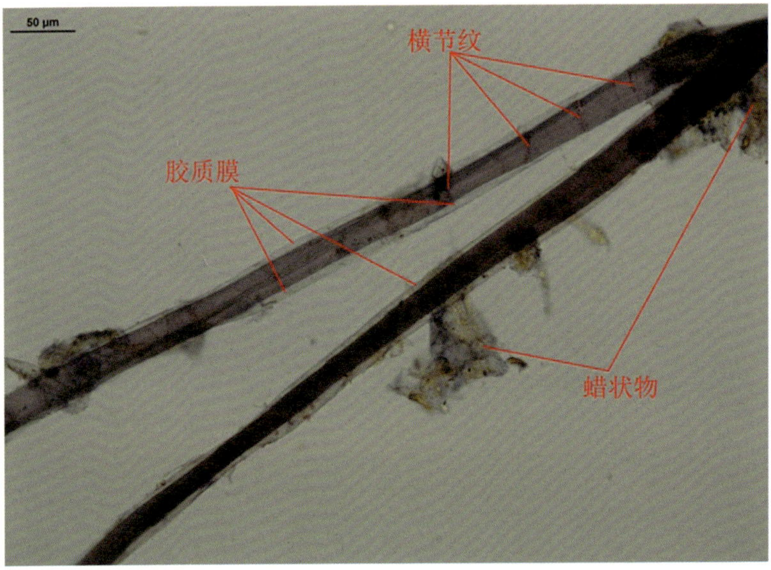

图 4-9　残片样本纤维显微形态图（Herzberg 染色剂染色，光学显微镜 200 倍）

（2）金刚般若波罗蜜经

由纤维显微形态图可见，纤维染色后呈暗棕红色到蓝紫色，整体为圆柱形，形态比较挺直，纤维表面有清晰的横节纹（图 4-10），局部有透明胶质膜（图 4-11、4-12），纤维之间散落有少量菱形草酸钙晶体（图 4-11）符合构皮纤维的形态特征，且为纯构皮纸。纤维因老化有较多断裂，纤维长度较短，大部分纤维的长度都不超过 2 毫米，而原生状态下构皮纤维长度常在 5—10 毫米之间，表明纸张的老化已造成内部纤维结构的大量断裂。在纤维之间还可观察到混有大量的黄色蜡状物和蓝黑色淀粉类胶质（图 4-12），表明纸张经过了施蜡和施淀粉胶的处理。

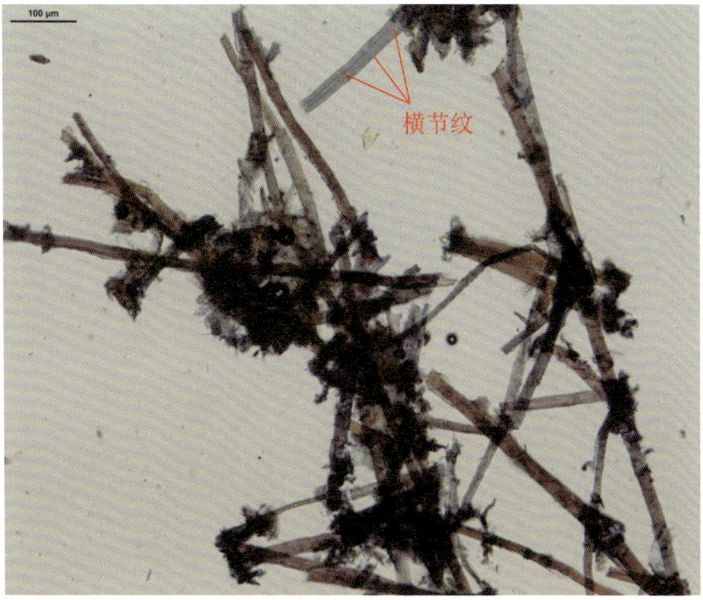

图 4-10　残片样本纤维显微形态图（Herzberg 染色剂染色，光学显微镜 100 倍）

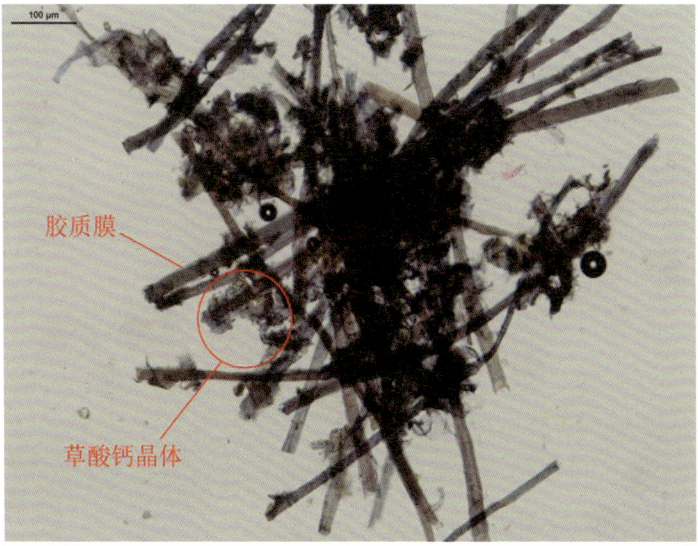

图 4-11　残片样本纤维显微形态图（Herzberg 染色剂染色，光学显微镜 100 倍）

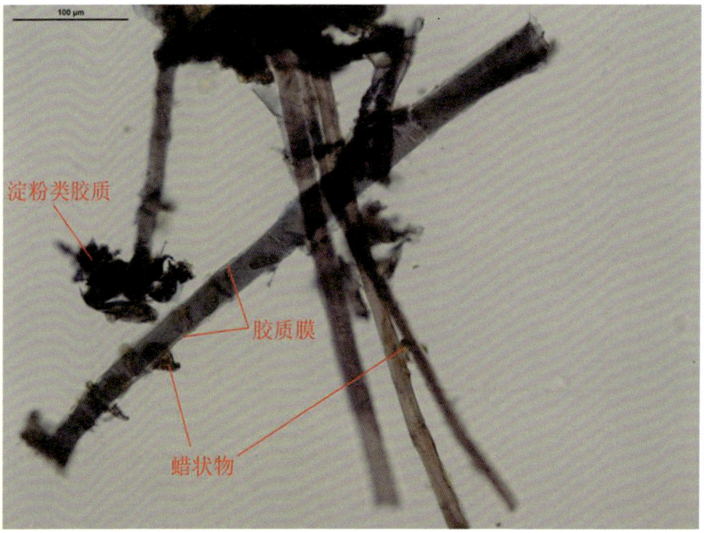

图 4-12　残片样本纤维显微形态图（Herzberg 染色剂染色，光学显微镜 200 倍）

3. 涂布材料分析

将样品残片置于显微镜下，采用反射光模式，观察样品表面的总体形态特征。三件样品残片的颜色都相差不大，整体和现存唐代写经纸的颜色相近，呈深土黄色，为染潢纸经上千年的自然老化后呈现出的色泽。从残片的纸面特征来看，残片纸张纤维分布均匀，纸面平整，纸质紧致细腻，无明显的纤维束，表明当时制纸所用纸浆处理的比较精细，纸页的抄造成型技术也较为先进，属精工细作的纸品。三件刻经残片样品表面形态如图 4-13 至 4-24 所示：

（1）《佛说弥勒上生经》

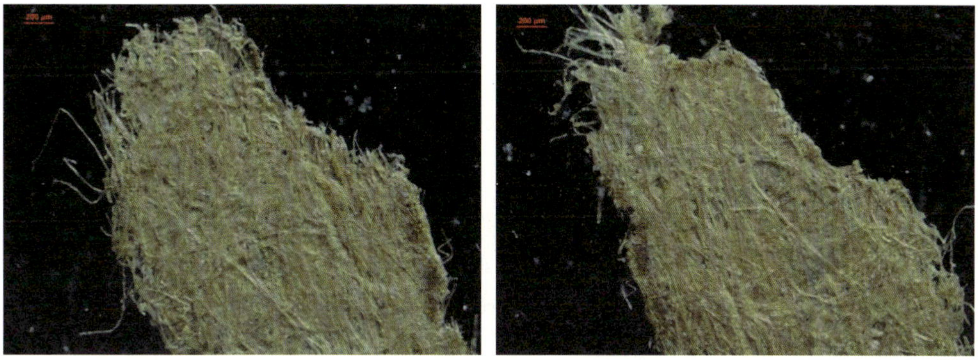

图 4-13　残片正面 40 倍放大图

图 4-13 中可见，残片颜色比《金刚般若波罗蜜经》稍浅，纸面平整紧实，呈砑平状，纤维分散良好，分布匀度一般，表明其制浆和成型过程工艺较精细。纸面砑光使纤维感不明显，纤维与胶质混合并包埋于其中，隐约可辨纤维纹路，纤维表观长度较长。残片边缘纤维呈毛边状，并有部分纤维分丝散出，表明纤维尚具备一定的强度。

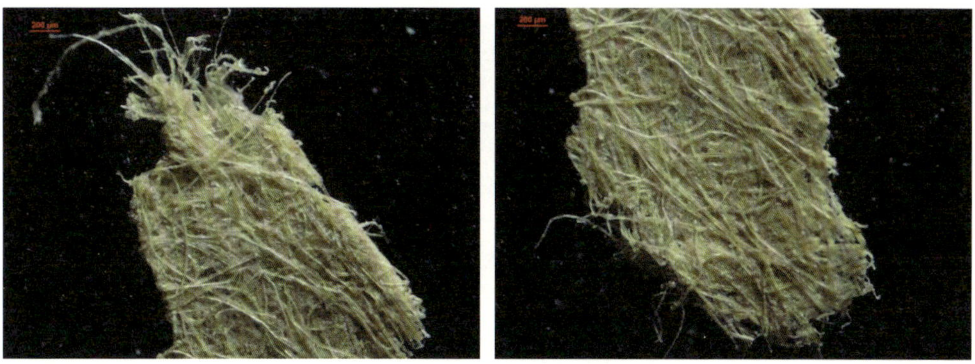

图 4-14　残片背面 40 倍放大图

从图4-14中可见，残片背面纤维纹路清晰可辨，层次明晰，参差错落。无明显的直接砑光痕迹，纤维有一定紧实度，应为被动砑光所致。纤维呈一定程度的定向排列，表观长度较长，形态完整，残片边缘毛边明显，有部分纤维分丝散出，表明纸页尚具备一定的纤维强度。

图4-15　残片正面100倍放大图

图4-15显示，纸面在经施蜡涂布后纤维平整密实地包埋于胶质之中，胶质含量较高，但并没有完全覆盖纤维，而是更多地渗入纸张内部，跟纤维混成一体。纤维整体形态比较完整，色泽明亮，纸面附着有一定量的晶体颗粒，表明纸张经过轻度涂布处理。

图4-16　残片背面100倍放大图

图4-16显示，纸张背面纤维明显，层次错落分布，深层纤维跟胶质有一定程度的交织，表明施胶、涂布和研光的过程主要发生在正面，背面的蜡质渗透至正面，

因此在正面研光时，背面受压致使纤维排列紧密，但不如正面那么平整。

（2）《金刚般若波罗蜜经》

图 4-17　残片正面 40 倍放大图

图 4-17 中可见，纸面紧实平整，纤维分散良好，分布均匀，呈自然交织状态。纤维与纤维之间有胶质包埋粘连，胶质中混有白色晶体状矿物颗粒。表明纸张经过施胶以及一定程度的涂布和研光，但涂布量不大，并没有将纤维完全覆盖。

图 4-18　残片正面 40 倍放大图

图 4-18 中可清楚看到，残片纸面平整密实，砑光过程使纸面纤维呈扁平状密集分布。纸面纤维在纵向呈明显的定向排列，表明纸样采用荡帘抄纸法成型。自然脱落的残片边缘纤维断头平秃，无毛边伸出，表明残片纤维老化严重，强度下降较大。右侧三个白色颗粒状斑点应为矿物涂布原料。上方黑色部分为墨迹，墨色暗哑无光，符合唐代松烟墨的外观特征。

图 4-19 可见，纸样背面平整度稍差，虽然也有一定程度的施胶、涂布和砑光，但处理的精细度显然不如正面，纤维分布稍杂乱。

图 4-19　残片背面 40 倍放大图

图 4-20　残片背面 40 倍放大图

背面可见一些小规模纤维束，纤维参差错落，平整度不如正面（图 4-20）。

图 4-21 残片正面 100 倍放大图

图 4-21 可见，因砑光而导致纤维呈扁平状平整分布，并混合包埋于胶质中，纤维纹路和纤维感不明显。右侧白色晶体状斑块和纤维之间霜雪状分布的白色晶体为矿物涂料颗粒。

图 4-22 残片背面 100 倍放大图

图 4-22 可见，样品背面加工程度较轻，纤维形态

明显，可见小规模纤维束，纤维分布参差错落。施胶涂布和砑光的程度都比较轻。

图 4-23　残片纸页内夹层 40 倍放大图

图 4-23 可见，脱落的残片当中有一片表层纤维脱落，露出纸页内部的结构。由于涂蜡施胶的程度较重，纤维已完全混合于蜡质之中，并发生了严重的老化脆化，纤维形态已经模糊不堪。

图 4-24　残片纸页内夹层 100 倍放大图

可以发现纤维已完全混合于蜡状胶质之中（图 4-24）。

第五章　佛经病害调查及分析

调查步骤主要分为三个方面：

首先，拍照。用高清照相机在相应比例尺配合下对佛经进行拍照，详细留取原始高清影像信息，为绘制病害图做准备。拍摄内容应包括全卷正反两面全景图，重点调查部位、病害部位、特征部位特写图等。

其次，对病害做详细记录，绘制与之对应的病害图。病害记录包括病害类型，病害分布和病害面积，以及前人修复痕迹等。病害图是通过 AutoCAD 软件，以佛经高清影像记录为基础信息绘制完成的科学直观的病害示意图。

最后，对归纳的病害及病害情况进行科学分析，对病害的严重程度进行评估。

依据上述方法，我们对《佛说弥勒上生经》与《金刚般若波罗蜜经》两部经卷开展详细的病害调查分析，具体结果如下：

一、《佛说弥勒上生经》（简称《上生经》）病害调查结果

图中可见，《佛说弥勒上生经》主要包含的病害为酸化、脆化、断裂、残缺、变色、褪色、动物损害、灰尘附着、皱褶、字迹缺损、折痕、水渍、污渍等 10 余种，

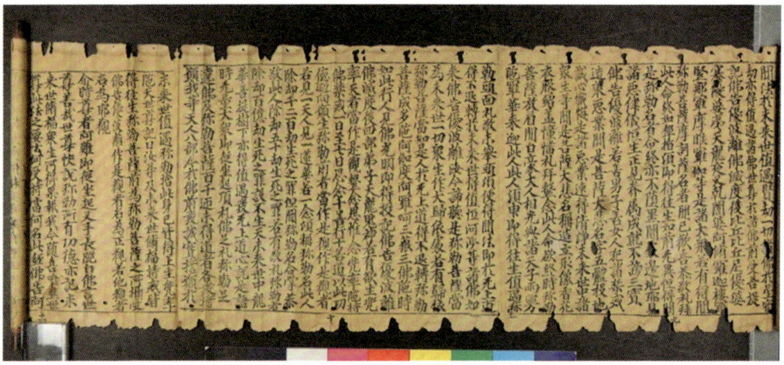

图 5-1 《佛说弥勒上生经》原状图

图 5-2 《佛说弥勒上生经》正面全景实物图

图 5-3 《佛说弥勒上生经》背面实物图

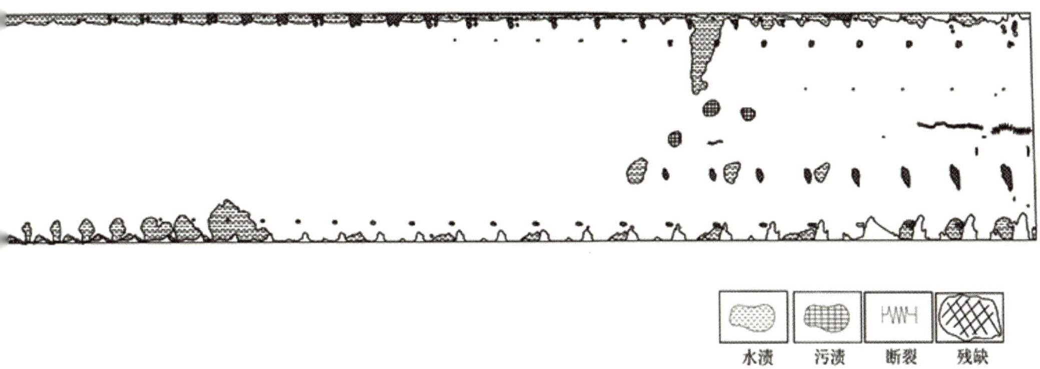

图 5-4　《佛说弥勒上生经》正面全景病害图

病害情况复杂，破损程度严重。其中特别需要注意的是，佛经纸张老化严重，纸张强度严重降低。展开或收卷时存在明显的断裂、掉渣、破碎现象。佛经天头地脚两边通长均存在严重缺损，需进行整体性修复。综合各项指标，按照《古籍特藏破损定级标准》（WH/T22-2006）（详见附件），可判定为“一级破损”。

1. 残缺

残缺是《上生经》最为明显和主要的病害之一。佛经装帧时，天头地脚的裁切本应整齐，但因虫蛀鼠啮，人为损伤，并加之纸张老化脆化等原因，佛经现存边缘部分明显残缺不全，且缺失部位已经无从找寻。

如图 5-2 所示，佛经边缘处残缺的纵向深度很大，一些残缺已延伸至文字部分。若再次受到外力或内应力的作用，残缺的边缘很可能形成更进一步的断裂、缺损。甚至可能造成贯穿裂隙，最终使佛经断为两片。因此对残缺部位必须选取合理的加固材料和方法进行修补加固。

佛经外形虽参差不齐，但根据存留地杆的长度及通常的佛经装帧形制，基本可以推定出佛经外形边缘位置及边缘基本走向。因此，在保护修复工作中，对残缺部位可选取与佛经用纸相同或相近的纸张作为补纸，使用可再处理性和可逆性高的粘接剂，对佛经的边缘进行补缺和裁齐。

2. 变色

变色是指佛经由于发生物理或化学变化，纸张或字迹颜色发生变化。《上生经》变色病害主要出现于粘接佛经的搭口处。表现为搭口一线颜色较之其他部位纸张颜色明显偏深，呈赭石色。判断为搭口处粘接剂老化诱使纸张发生变化所致。然而搭口处粘接剂应为佛经初始制作时涂刷，由于佛经存世已久，基本可判断变色病害现状较为稳定，其自身很难引发新的病害，或加重其他病害。在此种状况下，考虑到针对不同种类的病害应该使用不同的研究方法和保护手段，在本次保护修复过程中选择适当保留病害作为历史信息。

3. 褪色

褪色现象是指因物理、化学及生物等因素的作用，造成佛经纸张及墨迹色度降低或改变。如图 5-5 所示，佛经中部存在多个平行分布的圆点状褪色斑，推测为由水滴阴晕造成的佛经染黄色料受到扩散稀释所致。

佛经褪色现象虽然较为明显，但总体面积不大，也并未对文字等主要信息造成影响，只是在视觉效果上略

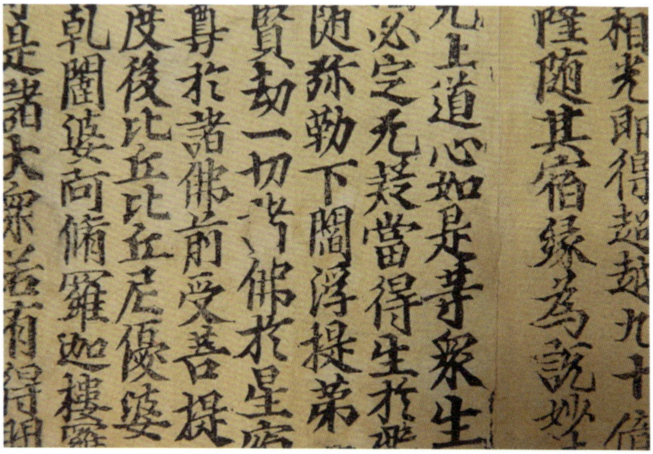

图 5-5　《佛说弥勒上生经》褪色病害局部示意图

显不适。依据保护修复工作的最小干预原则，在本次修复过程中对佛经褪色病害暂不作处理，作为文物传存信息的组成部分，保持原貌，以供后来的文物保护工作者做科学研究。

4. 动物损害

动物损害，是指佛经纸张因某些动物的活动而造成的各种破坏，主要体现为佛经天头、地脚及文字部分存在多处昆虫或动物咬食孔洞。佛经展开后，孔洞呈规律性分布，其中部分已造成文字缺损。佛经全卷未发现成虫或虫卵。

由于佛经纸张较脆，孔洞边缘在受到外力作用时极易进一步破损，甚至造成文字内容进一步缺失，因此将采用国家图书馆修复佛经的成熟技法进行合理的保护修复。

5. 灰尘附着

佛经正面附着有较为明显的灰尘。由于灰尘中包含各种矿物、有机物，附着在纸张上会使纸张颜色变深、字迹模糊不清。同时体积较大的尘埃会增加纸张之间的摩擦，若不及时清理会影响纸张机械强度。对此，需要在修复过程中对书叶进行除尘。

6. 折痕

如图 5-3 所示，佛经纵向存在大量折痕，这种病害在传统卷装佛经中较为普遍。此种病害的产生，主要是由于佛经纸张老化，纸张脆化程度加重，弹性下降，加之收卷不当及外力挤压等原因造成。虽然折痕较多，除个别外，大部分未发展成断裂，基本上采用纸张软化、压平等修复手段即可恢复平整。

7. 水渍

指佛经由于受到水浸而产生的痕迹。如图 5-7 所示，水渍几乎在佛经上下两端通边存在，其中，佛经天头水渍呈连续的重复性分布，可知为佛经在收卷状态下受到水浸所致。水渍边际呈棕褐色，边际内部区域较之佛经未受污染区域则明显变浅。

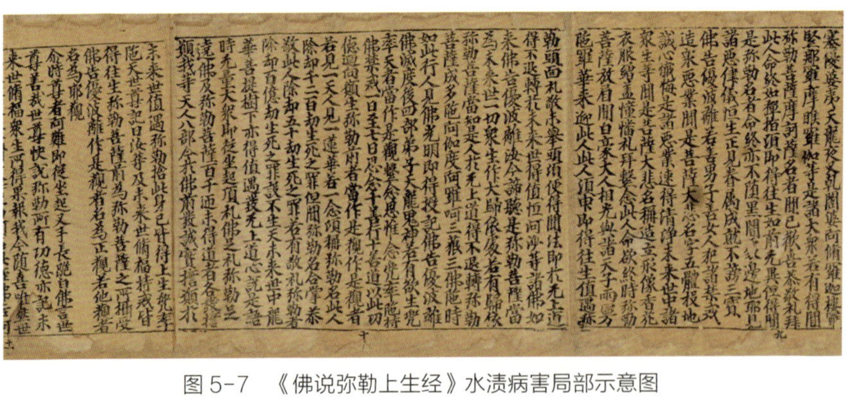

图 5-7 《佛说弥勒上生经》水渍病害局部示意图

此类污染虽然改变了纸张的本来面目，但是考虑到作为使用痕迹反映出一定的历史信息，在修复过程中可以适当保留，只以纯净水对水渍边缘做简单清洗。

8. 污渍

指佛经由于受到污染而产生的斑迹。佛经存在多处较为明显的圆形污渍斑，从佛经背面显示更为明显，自图 5-3 中可明显看出。

经试验，污渍与纸张纤维结合牢固，污渍亲水性较之佛经未受污染区域有所下降，以纯净水清洗无明显变化。如采取化学药品去污，虽然可能会获得较好的清洁效果，但同时纸张纤维会不可避免地受到侵蚀。因此，为保证佛经纸张安全，选择放弃追求彻底的清洁效果，保存污渍现状，以便于后人有机会对手卷当年保存情况等进行深入的调查研究。

9. 修补痕迹

在佛经的流传过程中，前人也曾对其损伤部分进行修补，如今在经卷背面仍残留有部分修补痕迹，如图 5-8 所示。

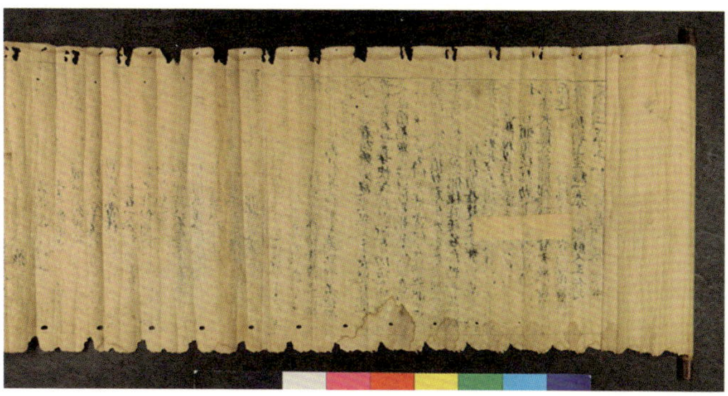

图 5-8　《佛说弥勒上生经》背面前人修补痕迹示意图

二、《金刚般若波罗蜜经》（简称《金刚经》）病害调查结果

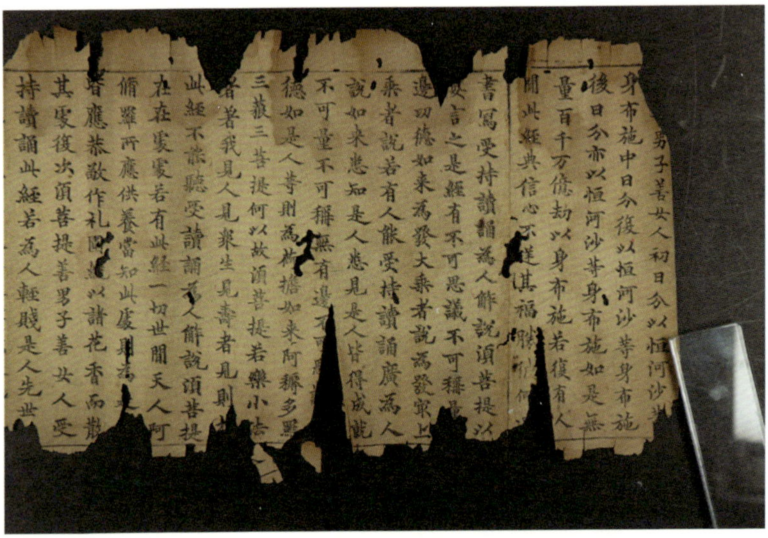
男子善女人初日分以恒河沙
身布施中日分復以恒河沙等身布施
後日分亦以恒河沙等身布施如是無
量百千万億劫以身布施若復有人
聞此經典信心不逆其福勝彼
書寫受持讀誦為人解說須菩提以
要言之是經有不可思議不可稱量
邊功德如來為發大乘者說為發最上
乘者說若有人能受持讀誦廣為人
說如來悉知是人悉見是人皆得成就
不可量不可稱無有邊不
德如是人等則為荷擔如來阿耨多羅
三藐三菩提何以故須菩提若樂小法
者著我見人見衆生見壽者見則
此經不能聽受讀誦為人解說須菩提
在在處處若有此經一切世間天人阿
脩羅所應供養當知此處則為
皆應恭敬作礼圍遶以諸花香而散
其處復次須菩提善男子善女人受
持讀誦此經若為人輕賤是人先世

图 5-9 《金刚般若波罗蜜经》原状图

图 5-10 《金刚般若波罗蜜经》正面全景实物图

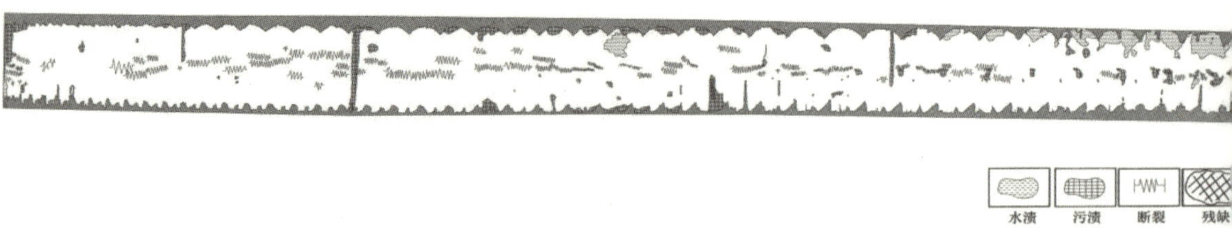

图 5-11 《金刚般若波罗蜜经》正面全景病害图

图中可见，《金刚经》存在主要病害种类包括残缺、脆化、断裂、变色、褪色、动物损害、灰尘附着、字迹缺损、折痕、水渍、污渍、修补痕迹等10余种。总体病害程度较之《上生经》更为严重，而且部分病害有继续恶化的趋势，其破损程度按照《古籍特藏破损定级标准》(WH/T22-2006)可判定为“一级破损”。

1. 残缺

与《上生经》相仿，残缺同样是《金刚经》最为明显和主要的病害之一，其具体形成原因可参照《上生经》病害分析部分。如图5-12所示，《金刚经》的边缘部分残缺程度与缺失面积均较《上生经》更为严重，其中卷首多处残缺，已纵向延伸至佛经几乎1/3深处。残缺边缘呈锯齿状，明显为外力破坏，推测可能为动物啮食造成。

图5-12《金刚般若波罗蜜经》残缺病害局部示意图

佛经残缺病害严重，加之佛经纸张质地严重脆化，残缺边缘稍受触碰便有可能造成新的断裂、破碎，十分危险。因此对残缺部位亟需进行合理的修补。佛经上下两边、卷首、卷尾皆破损严重，原始边缘位置已无法准确判定。修复中参照相似版本佛经边缘位置补出《金刚经》边缘并裁齐。

2. 脆化

纸张的脆化是指因光照、表面 pH 值等多种因素的作用，导致纸张耐久性、柔软度和纸张机械强度等显著降低，易折易断。

佛经整体纸张均有脆化现象，上下两端尤其明显，可见部分残渣脱落，疑似因此前反复收卷所致。如图 5-13。

图 5-13 《金刚般若波罗蜜经》脆化脱落局部示意图

3. 断裂

与《佛说弥勒上生经》相比，《金刚经》纸张脆化程度更为严重，机械强度愈发降低，因此不仅在纵向存在大量折痕，横向还发现了很多断裂的痕迹，主要因收卷不当或外力挤压等原因形成。在修复过程中，需对断裂处做额外加固处理，如图 5-14 所示。

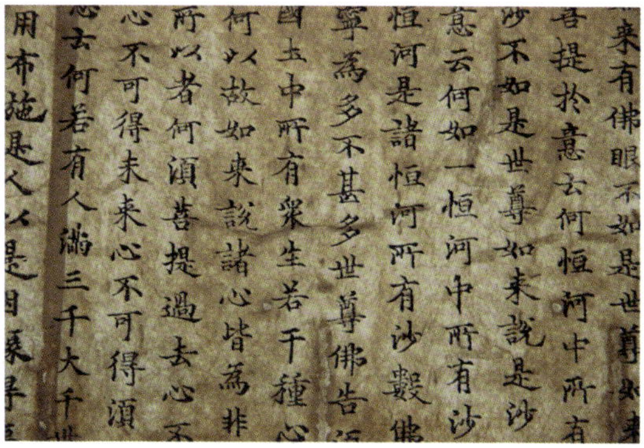

图 5-14　《金刚般若波罗蜜经》断裂处修复透光图

4. 变色

与《上生经》情况相似，《金刚经》的粘接搭口位置同样发现了显著变色区域，应同属粘结剂影响，一样不做深入处理，适当保留以待后续研究。

5. 褪色

自图 5-9 中可以看出，《金刚经》纸张表面颜色斑驳不均，很可能因保存环境不够稳定，不同部位颜料老化状况不一，并可能受到水滴浸染导致颜料不均匀扩散，最终造成如此现象。根据最小干预原则，在不影响藏品后续保存，不会造成更进一步病害加剧的情况下，以保持原状为优先选择，为后续研究者保留更为真实的原始文物信息。

6. 动物损害

《金刚经》的天头、地脚及部分文字区域也出现了多处昆虫或小型动物咬食的痕迹。图 5-9 中显示，天头栏线附近位置，及经卷文字中央区域咬食孔洞几近均匀分布，可见为经卷卷起状态下受损。地脚附近因缺损较为严重，难以判断最初病害状况及损害原因。

7. 灰尘附着

《金刚经》的表面同样明显附着有灰尘等杂质，因此在修复过程中需要首先对经卷进行除尘处理。

8. 折痕

作为传统卷装佛经，《金刚经》纵向也存在大量折痕，如图 5-15 所示。除断裂部分如上文所述特别修复外，基本仍采用纸张软化、压平等修复方法即可使其恢复平整。

图 5-15 《金刚般若波罗蜜经》折痕病害示意图

9. 水渍与污渍

与《上生经》相比，《金刚经》纸张及文字主体部位并无明显水渍，仅于卷尾最末处可见少量水渍及其他污渍痕迹，如图 5-16 所示。

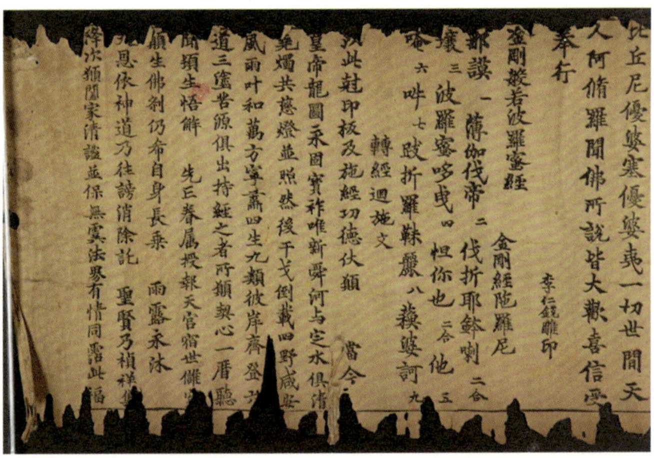

图 5-16 《金刚般若波罗蜜经》卷尾部分水渍与污渍病害示意图

第六章　修复工具与材料

“工欲善其事，必先利其器。”修复工具与材料的使用，贯穿于整个修复过程中，它是修复工作能否顺利开展的关键因素之一。适合的工具与材料，能达到事半功倍的效果。在此次修复工作中，修复人员依据待修复文献的特点，反复斟酌，确定了所需的工具与材料。先进设备与传统工艺的结合，使得整个修复过程得到了良好的推进与记录。

一、粘合剂

1. 粘合剂原料的选择

目前中国传统纸质文物修复所用的粘合剂主要为小麦浆糊和小麦淀粉浆糊。它们性质温和，遇水后便于重新揭开，能确保修复过程的可逆性。由于小麦淀粉浆糊相比面粉浆糊植物蛋白含量少，防腐、防霉性好，凝固后也更为柔韧，故选择小麦淀粉作为此次修复项目的粘合剂原料。要考虑到保证原料情况可控，此次修复工作选用了手工洗粉制作的小麦淀粉。

2. 粘合剂原料的制备

（1）和面

盆中倒入所需量的面粉。匀量加水，反复揉和使面团达到柔而不稀、韧而不硬的状态。将揉好的面团放于盆中，盖盖静置约3小时，使面团得到适当的发醒，备用。

和面

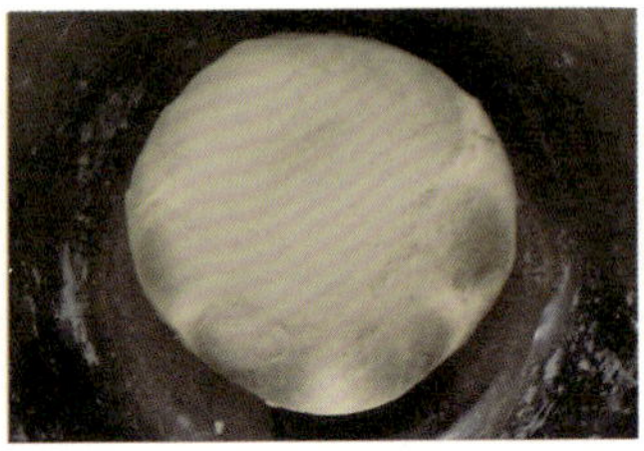
揉好的面团

盖盖静置

图6-1 和面过程操作图

（2）洗粉与过滤

取一个存放淀粉浆用的大桶、一块大小适当的丝网，备用。

将之前制好的面团放于加好水的盆中。保持匀速匀力洗面团，至盆中浆颜色、稠度如牛奶，即可进行过滤。将丝网覆于大桶口上，慢慢倒入淀粉浆。待淀粉浆完全滤入大桶，即可撤去丝网，洗净备用。向盆中再加入适量的水，继续抓洗面团至面团不再出淀粉浆而只剩下面筋团为止。

洗淀粉

过滤

洗出的面筋

图6-2 洗粉与过滤过程操作图

（3）沉淀

将盛有淀粉浆的大桶放在环境稳定的地方进行沉淀。由于淀粉不溶于凉水且密度比水大，故会自然下沉到桶底。每天应换水 1—2 次。反复沉淀 2—3 天左右，即可进行后续制作。

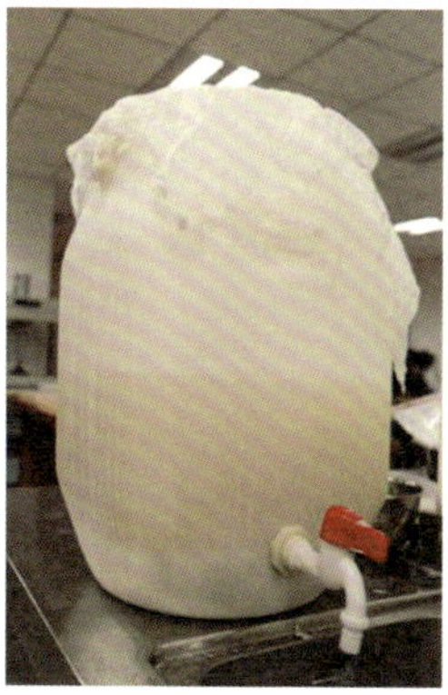

淀粉浆的分层

换水时排水

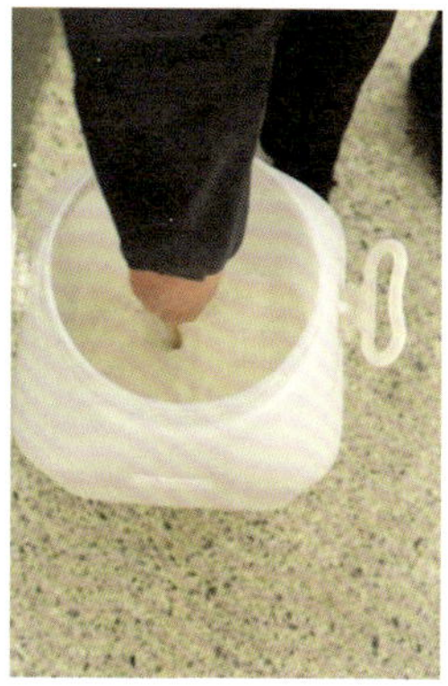

搅拌

图 6-3　沉淀过程操作图

（4）分离

取离心机铸杯、电子秤、塑料袋、平浅盘，备用。把大桶中的混水放掉，加入清水，将沉积于桶底部的淀粉全部搅起，再将适量淀粉浆缓缓倒入事先已套好塑料袋的离心机铸杯中。离心机铸杯进舱后，就可以打开机器进行离心操作。

图 6-4　将装好淀粉浆的离心机铸杯放入离心机内

将分离好的淀粉浆从低速离心机中取出，去除杂质后均匀倒入平浅盘中等待晾干。

（5）晾干

将盛有淀粉浆的浅盘在阴凉干燥处静置。晾至淀粉干硬，备用。

图6-5　晾干的小块淀粉

（6）打粉

把之前晾干的淀粉碎块倒入搅拌机中，将碎块打成粉末并置于纸上平摊晾干后，再收集装袋备用。

搅拌打碎淀粉块　　搅打后的粉状淀粉　　平摊晾干

图6-6　打粉过程操作图

（7）贮藏

将标注好的成袋淀粉顺序码放在阴凉、干燥的贮藏处，以便随时取用。

图 6-7　装袋备用的淀粉

3. 粘合剂的制作

（1）浸泡

取适量制备好的小麦淀粉，加入温水，以小棒搅拌至溶解，备用。

图 6-8　取适量小麦淀粉溶解

（2）烧水

将适量的水加热至沸。

图 6-9　烧水

（3）冲制

边搅拌淀粉糊边冲入开水，直至浆糊糊化。加入适量水将稠浆糊调至修复所需浓度，保证“能粘住，尽量稀”的原则，并过筛（80 目）滤去可能存在的凝块。每天使用的浆糊随用随调。

图 6-10　冲入开水搅拌调好的浆糊

二、修复工具及设备

1. 尺子

用于相关数据的测量。

2. 软毛刷

用于拂去文献上的浮土、杂质。

3. 毛笔

用于蘸浆糊点划在需要修复的破损处。另有润湿除尘之用。

用一品白云。

4. 修复专用水笔

这种水笔笔筒内可装水。使用时，水可从笔尖渗出，按所划轨迹将纸张洇湿，随即用手就可沿水痕撕出需要的形状。这样撕出的补纸，边缘为自然的毛边。

5. 浆糊碗

用于盛装浆糊。

6. 镊子

用于修复时撕去搭口附近多余的补纸，拉展搭口处的纸张纤维，夹取小块碎片。所选择的医用睫毛镊子有尖头、圆头、弯头三种规格，在修复过程中根据具体情况使用。

7. 喷水壶

用于润湿纸张。

8. 高清摄影文献修复台

高清摄影文献修复台在此次修复工作中起到了良好的作用。长 3.02 米，宽 0.51 米，适合卷子的展开；可以调节高度，方便修复人员进行修复操作；配有的 LED 照明装置，能帮助修复人员看清需要修复的位置；上下多角度的摄像机既可以放大修复区域，协助修复人员进行更细微的观察，更精细地完成修复工作，又记录了修复的过程，为修复工作留存了相对完整的影像资料。

9. 吸水纸

用于修复与压平时，吸去多余水份。一般选用吸水性较好的草纸或木浆纸。

10. 棕刷

用于排平、排实破损处补纸与卷子的搭口。

11. 压书板

用于压平卷子。

12. 压书桌

用于压平卷子。

13. 压书石

用于压平卷子时置于压书板上面，增加压力。根据需要设定并使用。

14. 铅砣

用于压平卷子时置于压书板上面，增加压力。根据需要设定并使用。

15. 裁纸板

用于裁去补纸的多余部分。

16. 裁纸刀

用于裁去补纸的多余部分。

17. 摄像机

用于辅助拍摄修复工作实况。

18. 照相机

用于拍照留存，随时对修复工作进行跟进，对比修复前后的效果。

毛笔等修复工具

压书板、压书石、压书桌

高清摄影文献修复台

图 6-11　部分修复工具及设备

第七章 修复补纸的选配、染色

一、修补用纸的选配

1. 修补用纸如何选择

俗语说：女娲补天，必先炼五色之石。修补材料就相当于补天之石，修复时修补材料的选配对修复成果具有至关重要的作用，补纸选配合适甚至可以达到事半功倍的效果。

古籍文献修复时修补用料的选择，一般认为要与文献本身质料相同或近似。正如明代周嘉胄在《装潢志》中强调："补缀须得书画本身纸绢质料一同者。色不相当，尚可染配；绢之粗细、纸之厚薄，稍不相侔，视则两异。"周嘉胄强调质料一同，所谓质料，可以理解为质地和用料，涉及所用材料、软硬、厚薄、粗细等方面。文中周嘉胄提到的纸绢的材料分别，绢的粗细、纸的厚薄可以理解为他对质料的进一步解释，是质料一同的根本所在，而颜色相对比较次要，可以通过染色来达到匹配的目的。

具体到纸质文献修复方面，一直以来我们也基本遵循"质料一同"的配纸标准。一般我们挑选补纸讲究材质、厚度、帘纹和颜色的匹配，其中前三个指标更为根本，颜色往往可以染制。选择修补用纸首先要参考与原件的材料相同或近似，其次是纸张厚度和帘纹粗细的匹配。厚度选择方面，需要遵循宁薄勿厚的原则。关于纸张颜色，修补用纸一般采用染色做旧的方式达到颜色方面的匹配。修复配纸，传统做法一般依靠手感和视觉观察判断，现在也可以依靠显微检测、厚度测定等手段辅助选配。

2. 两件佛经修补用纸的选配

在《上生经》和《金刚经》两件佛经修复用纸的选配方面，我们综合了目测、显微检测、厚度测定以及可用资源选配修复用纸。

根据纤维检测结果，这两件佛经用纸纤维属于桑构类，具体属于桑还是构难以确定，桑树和构树都属于桑科，两种纸相似度也比较高。纤维特性上，桑皮和构皮纤维的尺寸非常接近，纤维形态基本相类，显微形态下也难以区分。二者最大区别在于纸张色泽，传统工艺生产的构皮纸白中略发灰，而桑皮纸白中显亮黄。但是由于两件佛经经染色，原色泽已无从判断。因此，根据纤维检测结果，我们选择桑皮纸或构皮纸作为修复用纸均可行。

纸张厚度方面，我们库存材料有不同薄厚的桑皮、构皮纸，因佛经纸厚，我们从材料库各选择了一种最厚的桑皮和构皮纸，挑选薄厚较为均匀的作为备选。因手工纸存在薄厚不均的现象，用测厚仪测量厚度差异比较大，只能取其平均值，仅作为参考。《金刚经》原件厚约 0.18 毫米，《上生经》厚约 0.14 毫米，而厚桑皮纸厚约 0.07 毫米，构皮纸厚约 0.08 毫米。据以往的经验，染色后纸张会略松厚一些，修补时可根据原件厚度将两种纸组合为两层进行厚度匹配。

帘纹方面，此次需要修复的两件佛经的帘纹不甚明显，每厘米约 7—9 根（见图 7-1），桑皮纸帘纹与佛经比较接近，但帘纹略细一些，每厘米多出 1—2 根。综合考虑，在没有更好选择的情况下，最终确定选用了厚约 0.07 的桑皮纸和厚约 0.08 的构皮纸作为修补用纸，可以将桑皮作为表层用纸、构皮纸作为底层用纸，或

图 7-1 《上生经》透光帘纹

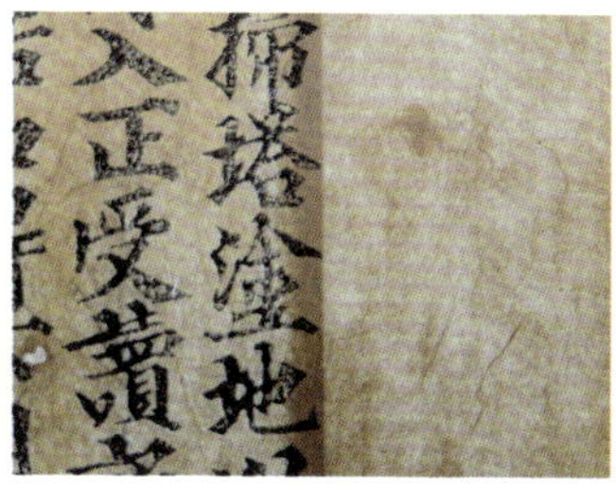

图 7-2 《上生经》修复效果透光图

者两层都用桑皮纸，修补后外观效果比较接近佛经原件（见图 7-2《上生经》修复效果透光图）。

二、修补用纸的染色加工

1. 染色方法及染色原则

纸张染色常用拉染、浸染、刷染三种方法。

拉染和浸染需要将染液置于浅口容器中，容器大小根据待染纸张大小而定，一般方形比较适用，拉染容器最长边要比纸张宽度略大两公分以上，浸染容器口径也要比纸张略大以方便取放纸张。拉染，是将单张纸张漂

浮于染液表面后一拉而过，因纸张与染液接触时间短，染色效果会略浅于浸染。浸染，是将一摞数张纸浸于染液中，待纸张完全浸透再取出，由于纸张在染液中充分浸润，理论上染色效果深于拉染。刷染则是在桌面上操作，将染液用软排笔均匀涂刷于纸面，因有外力作用，染液浓度可以调制很浓，相比拉染和浸染只靠纤维本身的吸附力，染色会深一些。

在这三种方法之外，还有一种复染的方式。复染，即多次染色。以上三种染色方法可以单次染色，理论上也可以多次染色，即复染。染色如果色浅，可用复染的方式，多次染色，达到既定的染色效果。古代文献原件上的颜色比较丰富，有本色，有原色的日久变色，表面也存在粉尘等污色的综合作用，根据这种颜色的形成机理，我们染色做旧也可以参照这种方式进行复染。

实际工作中，染色前将染液调配至目标色，染色往往一遍。但如果已染色的补纸颜色不适当，有时也会采用复染的方式，对颜色进行微调，一般也称罩染。经初步试验，刷染和拉染都可使用复染的方式重复染色，染色效果会随着复染次数的增加而变深（如图 7-3）。

图 7-3　黄檗复染染色效果
（从右至左依次为采用刷染方式染色一遍、两遍、三遍的效果）

染色纸张存在日久变色的情况。因此，一般配色染色都会浅于原件，遵循宁浅勿深的原则，即补纸一定不能比原件深，要明显浅于原件，为染色补纸的日久变色留有一定余地。

2. 常用植物染料及佛经染潢

文献修复常用橡碗、普洱茶、黄檗等植物染料染色。黄檗，也名黄柏，是一味中药，可作染料，取自檗木茎干的内皮，用来染潢染色色调亮黄略偏冷（图 7-4）。中国至少在汉代就已经认识到黄檗具有染色功能，司马相如《子虚赋》云：“檗离朱杨。”张楫注云：“檗，皮可染者。”橡碗子：是橡树果实的壳斗，外披毛刺，内形似碗，俗称橡碗子，也是一种中药，染色色调偏旧黄红色（见图 7-5），比黄檗色红而偏旧，又比普洱色

图 7-4 黄檗染料及染色色相

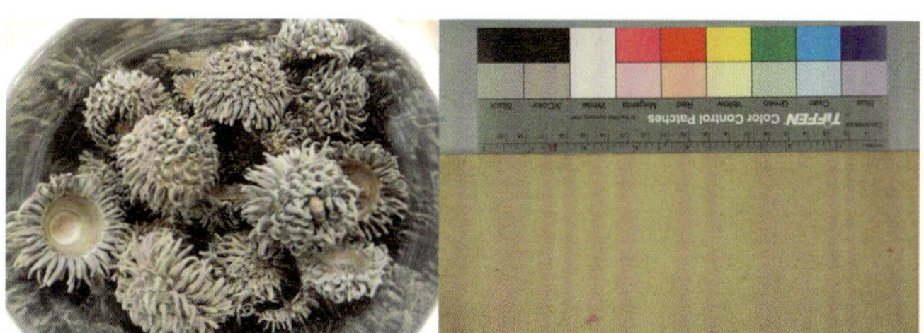

图 7-5 橡碗子染料及染色色相

黄，因此古籍文献修复常用来染纸做旧。普洱茶，含有茶色素，染色色调偏红，常和橡碗子一起搭配使用（图7-6）。

图 7-6　普洱茶染料及染色色相

佛经常用经黄檗染潢的纸，据杜伟生《敦煌遗书用纸概况及浅析》一文介绍，敦煌遗书中使用经过染潢处理的纸占很大部分。用黄檗染纸，目前最早可见于北魏贾思勰的《齐民要术·杂说》，其“染潢及治书法”条记载：“凡打纸欲生，生则坚厚，特宜入潢。凡潢纸灭白便是，不宜太深，深则年久色暗也。入浸檗熟，即弃滓，直用纯汁，费而无益。檗熟后，漉滓捣而煮之，凡三捣三煮，添和纯汁者，其省四倍，又弥明净。”[1] 这里提到的染潢，就是用黄檗汁染纸，据研究，黄檗中含有小檗碱，文献记载经黄檗染潢的纸张有防虫蛀的功效，故潢纸古代写经等常用。

3.《金刚经》《上生经》修复用纸的染色加工

如上所述，佛经常用黄檗染潢纸书写。根据经验判

---

[1] 见宋赵希鹄《洞天清录》记载：“硬黄纸，唐人用以书经，染以黄檗，取其避蠹。”《四库笔记小说丛书》，上海：上海古籍出版社 1993 年，第 19 页。

断，本次需要修复的两件佛经很可能经过染潢，其中《上生经》应该使用了经黄檗染潢的黄纸，但因日久，纸张颜色发生变化，由黄檗的亮黄色变暗偏旧。《金刚经》和《上生经》的颜色不同，《上生经》颜色偏黄，有明显黄檗的味道，而《金刚经》偏红，因此两件佛经补纸的染色采用了不同的染料和加工方式。《上生经》修复纸以纯黄檗染纸，刷染结合复染，染色后再用加速老化的方式老化；《金刚经》颜色偏红，修复纸以黄檗配以橡碗、普洱茶和墨配色，拉染染纸。

（1）《上生经》补纸的染色加工

根据染色效果，补纸确定用黄檗染色。先将长条状的染料黄檗掰成1厘米左右的小段，加入清水没过黄檗，浸泡一晚，第二天进行水煮，时间视水量多少调整，一般煮20分钟至半小时左右，煮好后过滤。之后再加水煮，反复煮三次。这种染液提取方法类似于《齐民要术》中贾思勰描述的潢纸的"三捣三煮"，目的在于充分提取黄檗中的色素，其后将三次的染液搀在一起，形成黄檗染液待用。

因染液量较少，染纸幅面大，故采用刷染的方式染纸，且皮纸纤维长强度高，也宜于刷染和复染。首先将需要染色的四尺桑皮纸和构皮纸纵向对折裁开，在桌面用排笔薄刷一层染液，取一张纸用棕刷将其刷在有染液的桌面，再于纸上均匀刷上染液（图7-7），将另一张纸刷在已染色的纸上，重复以上操作，直至待染的纸张全部叠刷在桌面，最后将染色纸张一张张揭起，一端固定于晾纸架上晾干。晾干后，按以上方法进行第二遍第

图 7-7　刷染染潢

三遍的复染。染色后的纸张颜色亮黄，原件略微暗黄，需要再加工。

正如贾思勰在《齐民要术》中曾提到潢纸年久色闇的问题，植物染色的纸张确实存在这个问题，这是自然的老化，如果采用加速老化的方法，理论上染纸的颜色会随着老化时间的增加逐渐变深变暗，老化越久颜色越深。另据从事纸张研究的同仁介绍，黄檗染皮纸湿热加速老化两周，就可以达到硬黄纸的效果。我们也做了一些植物染色纸张的老化试验，黄檗染色纸张经湿热老化后，颜色确实会变深偏旧偏红（图 7-8），变化趋势接近《上生经》的色调。据此，我们对黄檗染制的补纸决定采取湿热加速老化的方式再加工。由于考虑到染色后要做老化，对黄檗染纸的老化效果又缺乏准确的认知，因此染色纸张分为染两遍和染三遍两种，同时进行老化。将湿热老化条件控制在 80 摄氏度和 65% 相对湿度，在这样的条件下老化 7 天，取出发现色不达标，则继续

图 7-8　黄檗染纸湿热老化两周效果图

老化，待老化 12 天取出比对，发现其中一张与原件颜色已经比较接近。由于考虑到植物染色纸张易掉色，老化后的补纸我们又对其进行热蒸的固色处理，热蒸后颜色略变深，但仍略浅于《上生经》原件颜色，适宜作为补纸。

（2）《金刚经》补纸的配色染纸和固色加工

《金刚经》颜色偏红，据染色经验，推测如果纯用黄檗染纸，即使老化也达不到原件的颜色效果。于是，染色采用了多种植物染料搭配使用的方式。黄檗色黄，橡碗染色偏黄旧，普洱茶染色偏红，三种染料分别浸泡水煮，提取染液后进行颜色调配，再加微量的墨，经反复调配试染小条，最终配制出与原件比较相配的颜色。因染液量偏多，采用拉染的方式染构皮纸和桑皮纸（图 7-9），并悬挂晾干。

图 7-9　拉染染纸

因此次染纸颜色已较为接近原件，未做老化处理。但是，由于植物染色纸张普遍存在遇水易掉色的问题，经试验发现，如果要使用新染色纸张，最好用热蒸固色的方式进行固色处理，能一定程度缓解染色纸张遇水掉色的问题。同上，我们对染色后的桑皮纸和构皮纸张进行了热蒸的固色处理，简单有效解决了修补时遇水极易掉色的问题。

第八章　经卷的修复操作

藏品《佛说弥勒上生经》及李仁锐雕印《金刚般若波罗蜜经》的纸质及破损状况与我馆所藏的敦煌遗书情况较为相仿，所以在设计修复方案也选用了较为近似的技术路线。

在展开实际修复操作前，先需做好桌面的准备工作。在透光修复台上铺好两三张洁白的吸水纸，以便吸收修复过程中产生的水分。再于白纸上铺一层化纤纸，防止修复过程中卷轴纸张和吸水纸产生粘连。每次修复展开的长度不宜过长，可根据个人习惯或卷轴本身的纸张段落为分界逐段修复，一般长度小于 1 米。

将镊子、针锥、水笔、鬃刷、喷壶、浆糊碗等常用工具放于面前方便取放的地方；透光修复台调节至适宜的亮度；浆糊需每天制作，保持浆水新鲜，并调制合适的稀稠度。准备妥当后，即可开展实际的修复工作。

一、《佛说弥勒上生经》的修复

参考以往馆藏敦煌遗书的修复，具体方案基本可以分为：

1. 清洁表面
2. 润潮、展平
3. 破裂处粘贴修复

4. 破损边缘修补加固

5. 虫噬、缺失处修补

6. 前人修复痕迹的保留

7. 压平、补纸边缘裁齐

8. 修复后效果图及相关参数测量

1. 清洁表面

首先对原件进行仔细观察（具体残损情况详见前章破损情况描述）。经卷由于之前保存环境欠佳，表面附着尘土、浮灰等杂质。在收卷过程中会对纸张表面造成磨损、不平整及存在后期隐患，需要予以去除。可以选用细密的软毛刷和镊子作为辅助工具移除。顺着同一方向清扫手卷表面，不能同一位置来回往复以免划伤纸张表面。

经卷在保存过程中都曾遭水浸，留下比较明显的水痕污迹。又由于经测试原件纸张遇水会产生轻微掉色，不适合水洗去污，所以选用"水洇法"进行局部去污的尝试。即：将吸水纸垫在卷轴下方，用小毛笔蘸温热的水沿局部有污迹、水渍的痕迹轻划。之后在划痕周围小范围的面积轻喷少量水汽，润潮并使水痕稍匀。再用撤潮纸在表面轻压以吸收多余水分，并及时更换下方的吸水纸，减少水分扩散。《佛说弥勒上生经》经局部实验后发现水渍较为顽固，去除后效果并不明显，又鉴于水渍范围较广，并且不影响经卷文字等信息，故未继续进行清洁工作，基本保持水痕原迹。

经卷中部可见几处明显的深棕色污迹，疑似为油污。经试验，污渍与纸张纤维结合很牢，亲水性较之未受污染区域有所下降，用纯净水清洗无明显变化。如采取化学药品去污，清洁效果可能更为明显，但同时纸张纤维必然会受到侵蚀。专家研讨后认为，为保证佛经纸张安全，不必追求彻底的清洁效果。保存污渍现状有利于后人对经卷当年的保存等情况进行调查研究，故予以保留。

2. 润潮、展平

由于经检测卷轴纸张（桑皮纸）存在遇水轻微褪色的现象，所以不能使大量水与原件直接接触。最好的展平方法是选择让潮气慢慢与干燥的纸张表面接触，使纤维逐渐柔软舒展。

将原件需展平的部分置于平整、洁净的撤潮纸表面，背面向上以便展平后修复。另取一张略大的宣纸用喷壶均匀喷潮，以手碰纸感觉有潮气，又不会过湿粘手为准。将湿纸轻轻覆盖于原件之上。保持纸张与残片间均匀接触，避免局部过湿而吸附原件。等待几分钟后，文献润潮、展平，准备开始下一步的修复。

图 8-1　将吸水纸喷潮

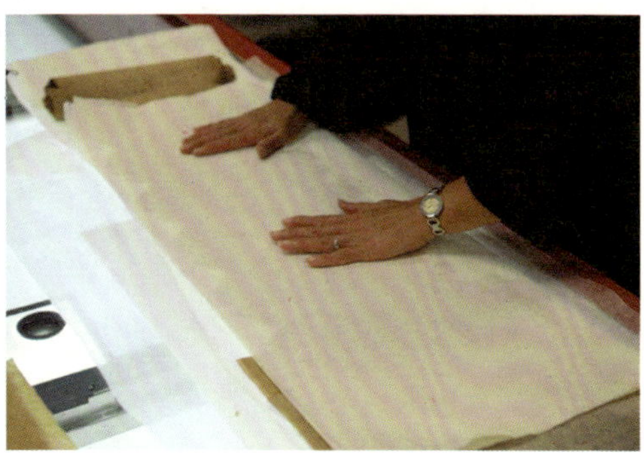

图 8-2　将吸水纸覆盖于原件之上

3. 破裂处粘贴修复

经卷纸张在千余年的流传、保存过程中不仅造成了边缘的磨损、破裂、缺失，收卷过程中的松紧不得当，亦造成了纸张横向的褶皱、磨损，纸张局部堆积、磨薄。再加上古人每一段纸张与纸张之间采用某种较厚的粘合剂连接，在连接时纸张并未完全对齐、贴平。这也造成了整个经卷的每一小段纸张间并不完全平行，上下的墨色界栏从侧面看呈现不规则的参差弧度（这一点《金刚般若波罗蜜经》尤甚），给收卷、压平的修复过程以及后期保存带来了困难。

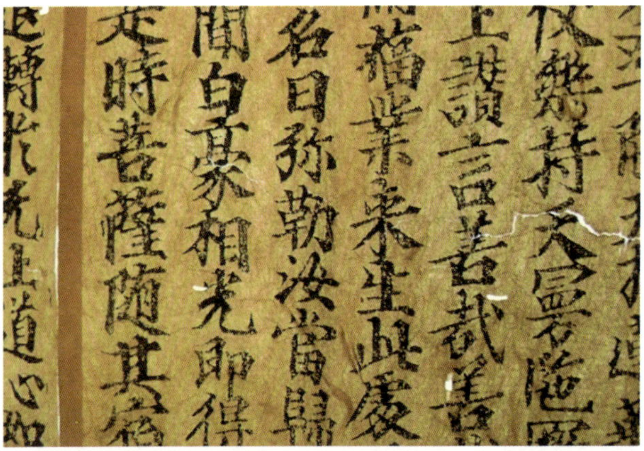

图 8-3　透过背光可以看到卷轴横向磨损及两段纸间连接处断裂

根据破损、断裂处的具体情况选用 0.4—0.5 毫米的皮纸条进行加固。一般先用水笔在补纸上划出所需宽度的纸条边缘，再用手撕下来。亦可根据经验直接用手撕出需要的宽窄，再对边缘的毛茬进行简单的处理。皮纸纤维撕裂后会产生个别较长的毛茬，需要初步修剪后再使用。

图 8-4　撕好的与原件同色系的补纸条

鉴于纸张遇水易变色，可在补纸上涂好浆糊，放于吸水纸上吸去多余水分再进行修补，切忌过湿。对于横向磨损的地方，虽然目前没有断裂，但对光可见该处纸张已因磨损变薄，仍需施以加固，防止进一步破损的可能性。

4. 破损边缘修补加固

原经卷纸张上下边缘均有较大部分的缺损，需进行修复、补齐，以利于日后长期保存。

由于经卷用纸较厚，选用的现有单层补纸并不能满足其厚度要求，经专家商讨，最终选定用两层桑皮纸进行修复。

首先在透光台上确定好所需补纸的宽窄、长短置于原件上方，依照经卷残存边缘形状用水笔描绘出补纸的形状。再用手沿图案撕下补纸，注意控制毛茬的长短。搭口处要先留出略大的余量，待最后与原件粘贴后再用镊子整理去除多余的纸张。

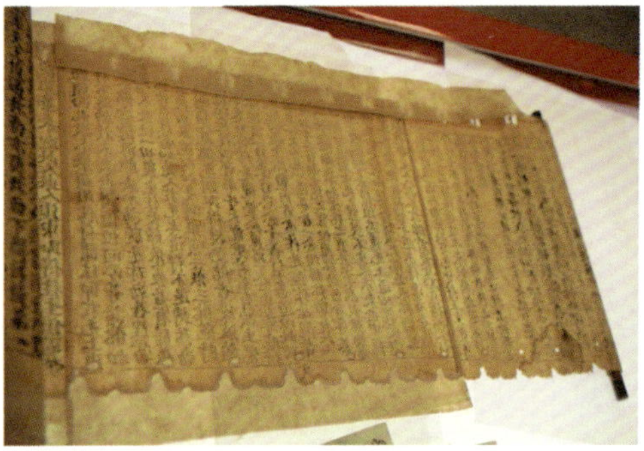
图 8-5　在透光台上比对需要的补纸

图 8-6　用水笔划出补纸的形状

图 8-7　沿水印撕出补纸

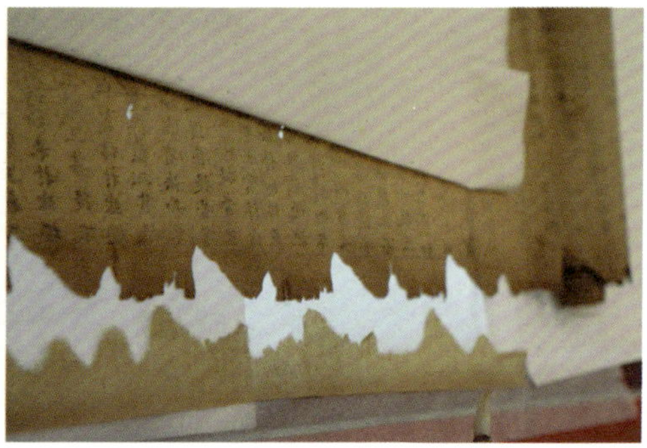
图 8-8　第一层补纸的形状

由于选用两层纸张作为补纸，两张补纸在形状边缘上不能完全重合。如将补纸先托好两层后再进行黏贴，重叠部分“硬接”会造成纸张边缘搭口过厚，相较原件其他部位厚度不均，易从此处破损或断裂。较理想的办法是“软接”：先补第一层的补纸，搭口边缘略重叠原件缺失部分的边缘，而第二层补纸略大于第一层补纸的边缘。这样既错开了搭口，破损边缘又更加的牢固。

先将撕好的补纸边缘涂匀浆糊，轻轻按压在原件上。亦可根据实际情况在原件边缘小心涂抹浆糊，再将补纸轻压其上。注意此时补纸与原件的潮湿度应基本保持一致，这样补出来的纸张部分才能平整。进行完第一层补纸的粘贴后，在补纸上涂匀浆糊再将喷潮的第二层补纸刷上固定。如果补纸长度较长不易控制，可以先刷

图 8-9　第一层与第二层补纸相粘帖

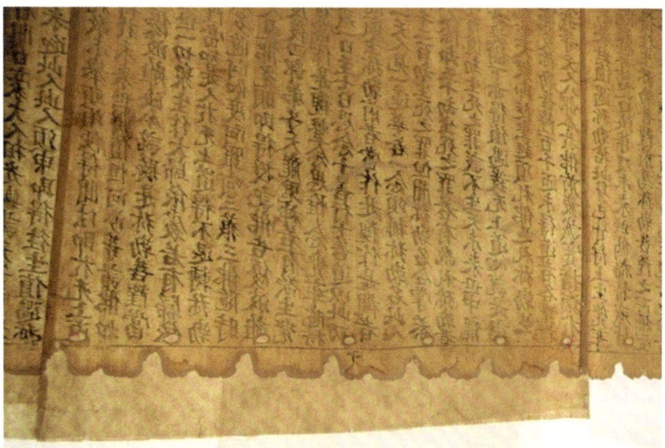

图 8-10　修复后的手卷下缘

贴一半的补纸，固定好后再刷贴另一半。最后垫纸用棕刷排平压实。

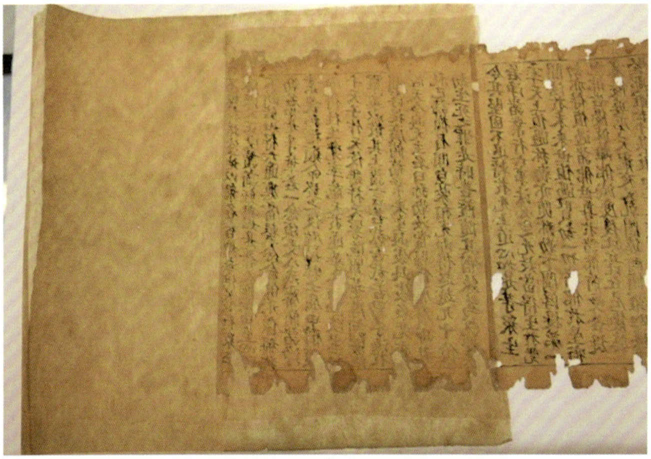

图 8-11　镶接出的卷首纸

由于《上生经》只存八、九、十、十一四段纸张经文，卷首已遗失，经研究决定在经卷前镶接出一段卷首纸，以便更好地保护经卷并利于后期的展示与收藏。如果将来发现前段的经文也很方便拆除再复原。

5. 虫噬、缺失处修补

对于虫洞、中间有破损和缺失的部分，仍选用双层补纸修复。方法与边缘修复近似，先于透光桌上用水笔划出需要的补纸形状，第二层略大于第一层，再用浆糊进行贴补。如果破损边缘酥脆，或破损有进一步扩大的可能，可适当扩大第二层补纸的修补范围。

6. 前人修复痕迹的保留

经卷在漫长的流传过程中难免会有破损，随之而来的也就有了修复。每个时期的修复手法不同，前人的修复大多比较临时且方式粗糙。比如取随手常用的整块纸张，剪下较大的面积不处理边缘直接贴于待修补处的背面。有时甚至在该处破裂后再次贴补，几层补纸相叠加，与以往的敦煌经卷中见到的状况类似。

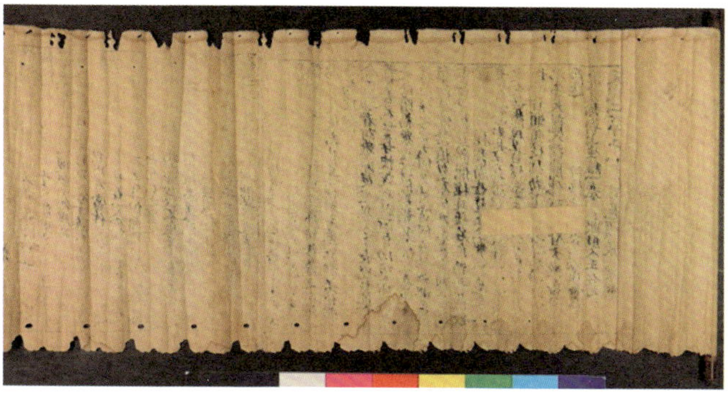

图 8-12　《佛说弥勒上生经》背面修复痕迹及褶皱

《佛说弥勒上生经》和《金刚般若波罗蜜经》两卷卷身上均能见到一处前人修补的痕迹。其中《佛说弥勒上生经》卷尾背面有一段前人修补的补纸，黏贴时经卷并没有完全展平，造成修补后纸张的局部皱褶、板结和周围纸张的松紧度不一致。

该补纸的颜色、纹理均与原经卷近似，初步判定应为同一时期的产物。虽然这种修复方式欠妥但仍应作为文献历史信息的一部分予以保留。最终决定用温水轻微润湿补纸背面，使之与原件分离。再展平原件，调整纸张松紧度后贴回补纸原位进行复原、压平。

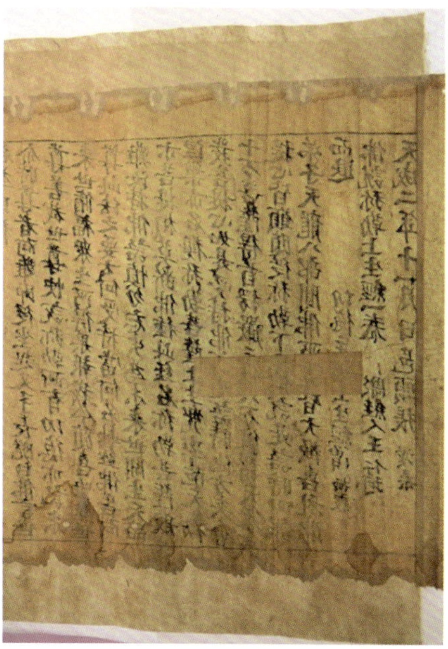

图 8-13　揭下展平后复原的前人修复痕迹

7. 压平、边缘补纸裁齐

经过修复的原件由于遇到水汽，表面会变得不平整。压平工序就是利用纸张吸水膨胀、失水收缩的原理使起皱的纸张恢复平整。

由于纸张颜色不牢固，喷水压平时应尽量减少喷水量，或不直接在经卷上喷水。将吸水纸喷潮分别铺于修补好的卷子上下，利用湿气润平纸张。用手将纸张轻拍铺平，把多余的空气赶出，使整个纸面保持平整。后放上压书板，再以压书石等重物固定，待经卷完全干透即可。新压的经卷可以过一段时间打开观察一下，确定是否有问题。如局部不平整，需再进行调整二次压平（见图 8–14）。

图 8–14　压平操作图

压平后的经卷边缘可以进行裁切和修正。由于经卷本身上下并不平直且缺失较多，宽度亦不能确定，故酌情于上下和卷首各留出一段距离的补纸以便更好地保护原件。

8. 修复后效果图及相关参数测量

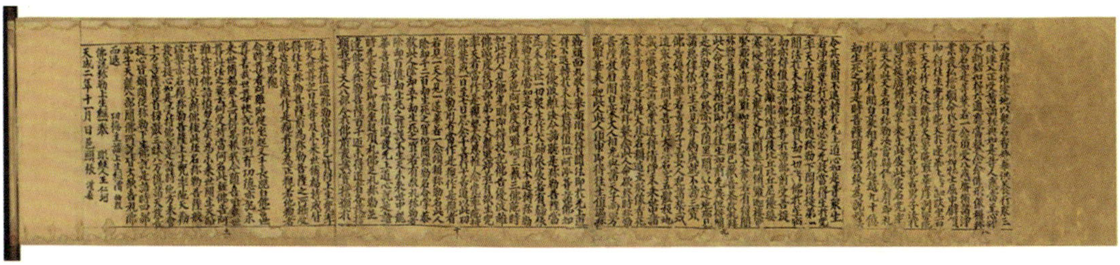

图 8-15　《佛说弥勒上生经》修复后效果图

经测量，修复后的《佛说弥勒上生经》展平并加护首后长 136.6—136.7 厘米，宽 27.2—27.4 厘米，杆长 30.1 厘米，杆直径 0.9—1 厘米。

二、《金刚般若波罗蜜经》的修复

基本修复方案、步骤与《佛说弥勒上生经》相近，具体可以分为：

1. 表面清洁
2. 润潮、展平
3. 破裂处粘帖修复
4. 破损边缘修补加固
5. 缺失处修补
6. 前人修复痕迹的移除
7. 压平、补纸边缘裁齐
8. 修复后效果图及相关参数测量

1. 表面清洁

对原件进行仔细观察后（具体残损情况详见前章破损情况描述），用软毛刷和镊子去除表面附着的尘土、浮灰等杂质。在《金刚般若波罗蜜经》卷尾正面沾有不明物体，且较牢固。对于这类较顽固的附着物需要进行局部润潮后再处理，以免硬揭损害纸张。首先用半干的毛笔尖轻触异物表面进行润潮，再用镊子和竹起子作为辅助工具轻轻分离异物边缘，最后进行整体分离。分离后的异物装袋作为文献相关信息保留。

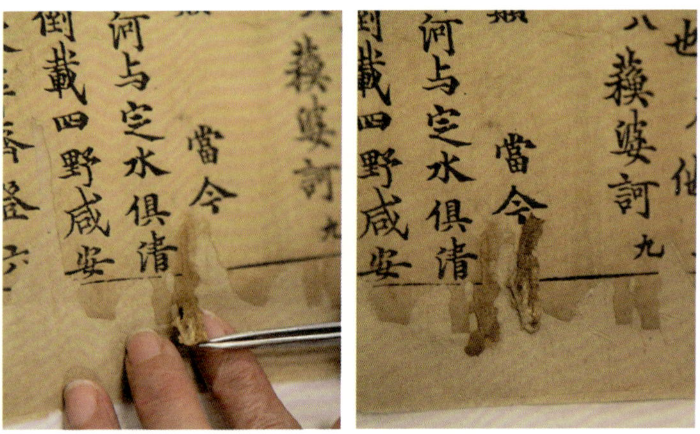

图 8-16　附着物分离过程

对于经卷比较明显的水痕污迹，亦选用“水洇法”进行局部尝试。用小毛笔蘸取温水试验后发现原来的水痕有变淡的趋势，基本取得了较为理想的清洁效果，所以对经卷上水痕明显的位置陆续开展了清洁工作。最终在不损伤纸张的前提下基本去除了明显的水痕污迹，达到了良好的视觉效果。

2. 润潮、展平

经检测，《金刚般若波罗蜜经》纸张偏桑皮纸，亦存在遇水轻微褪色现象，不能使用大量的水。仍选择喷潮吸水纸使水汽逐步与经卷表面接触，让纤维逐渐柔软的展平方法。

图 8-17　润潮操作图

3. 破裂处粘贴修复

相较于《佛说弥勒上生经》，《金刚般若波罗蜜经》的断裂处更多。根据断裂的大小、长短选用 0.4—0.8 毫米的皮纸条进行加固。一般用水笔在补纸上划出所需要的宽度边缘用手撕下，再对边缘的毛茬进行简单的处理。

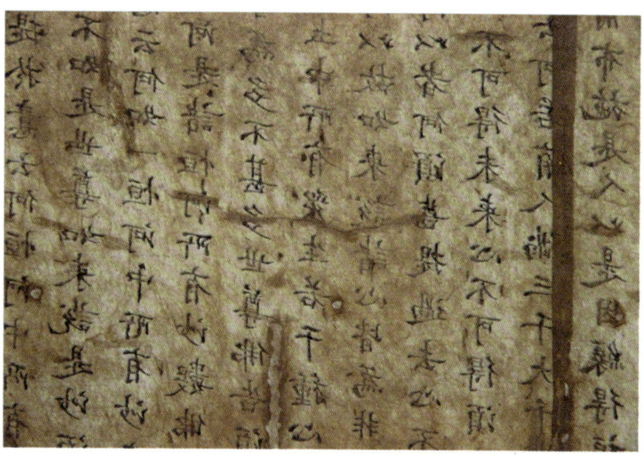

图 8-18　《金刚般若波罗蜜经》断裂处修复后透光图

4. 破损边缘修补加固

边缘仍选用双层的构皮纸作为补纸，方法与《佛说弥勒上生经》保持一致，在缺损的卷首位置同样添加一段卷首纸。

图 8-19　展平待修复的区域

图 8-20　用镊子去除搭口多余的毛茬，进行“小修”

5. 虫噬、缺失处修补

加固好上下边缘后再对中间的虫洞进行修补。

图 8-21　对虫洞黏贴第二层补纸

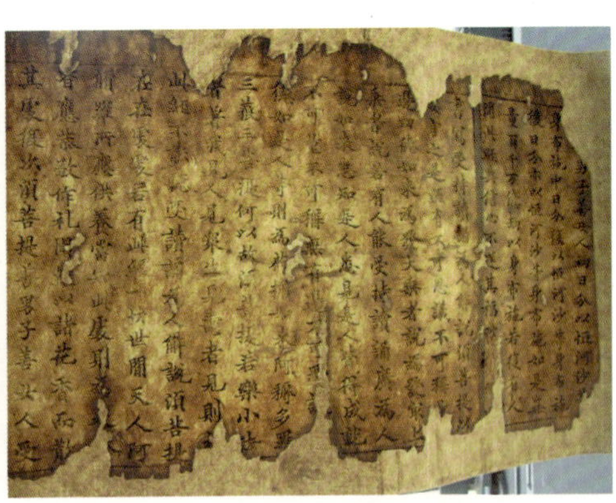

图 8-22　修复完成后背面透光图

6. 前人修复痕迹的移除

在《金刚般若波罗蜜经》卷上明显可见后人草率修复的痕迹，用一整条淡黄色纸张直接贴于断裂处。纸张材质较新，判定应是近现代人所为。保留价值并不大，反而由于修复方式粗糙易造成原件局部过厚而断裂的危险。经研究予以移除并保留在原件相关的纸袋内，作为相关信息长久保存。

揭开第一层补纸后发现，补纸下方还有一层残损的补纸条。形状上宽下窄、边缘齐整，推断亦为前人的临时修复。在经卷该处第一次断裂后，前人进行了简单修复。再次断裂后，为加固而用更宽的淡黄色长条纸直接于其上做了二次修补黏贴。由于第二层补纸现已残损、断裂，并不能起到有效连接的作用，反而会造成破损边缘过厚，不利于保护，因此最终决定予以移除，并用新皮纸进行修补。

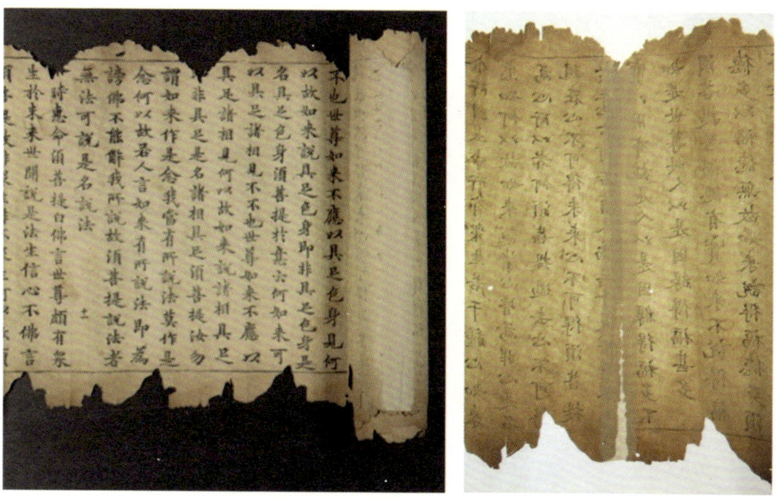

图 8-23 原佛经背部修复痕迹

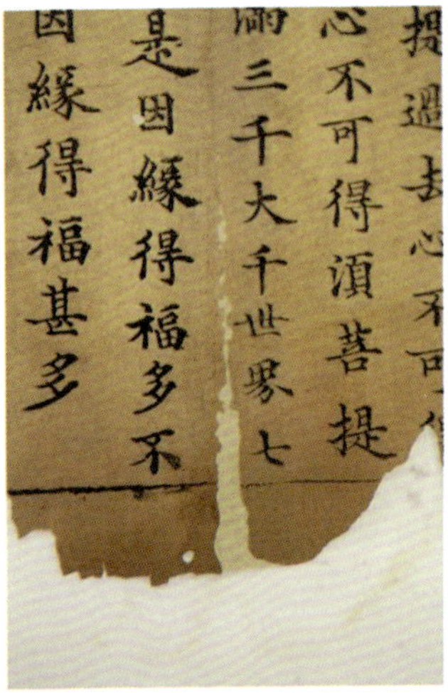

图 8-24　原修复处正面纸张差别明显

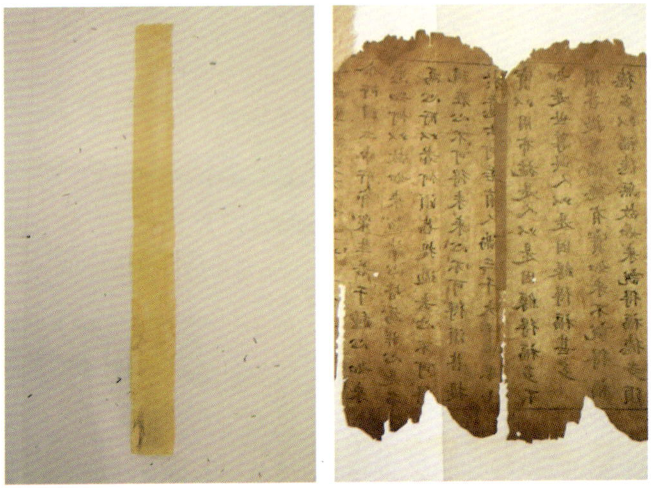

图 8-25　揭下的第一层补纸及发现的第二层补纸

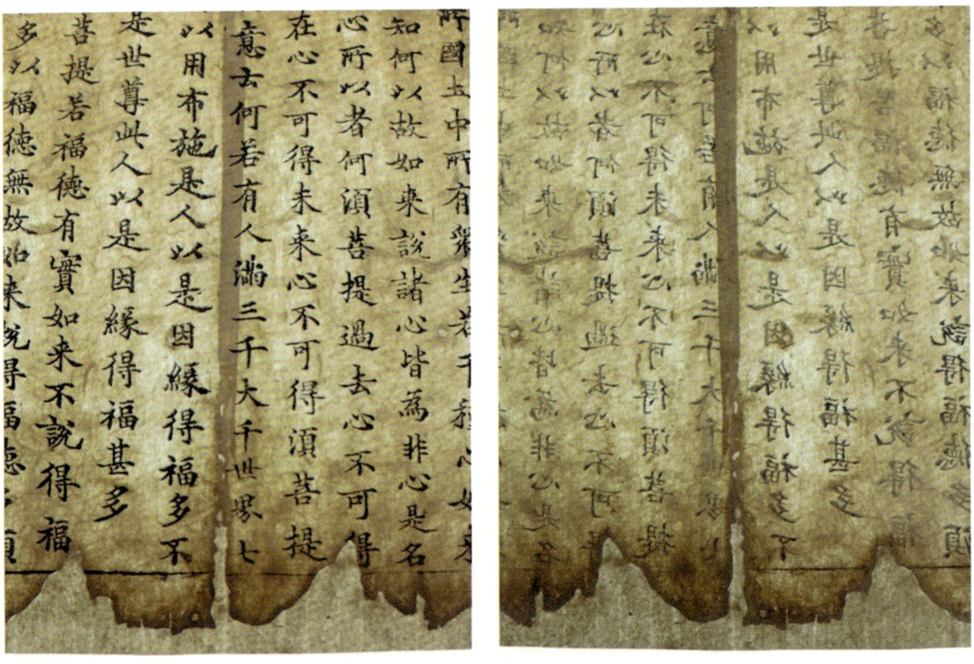

图 8-26　前人修复处重新修复后透光图

7. 压平、补纸边缘裁齐

由于经卷本身上下不平直，有较大弧度，且缺损较多，宽度亦不能准确判定，只能根据《佛说弥勒上生经》及以往修复的近似时期敦煌经卷的宽度推断宽窄。故在上下两边和卷首各留出相应距离的补纸，以便更好地保护原件。

图 8-27 压平过程操作图

8. 修复后效果图及相关参数测量

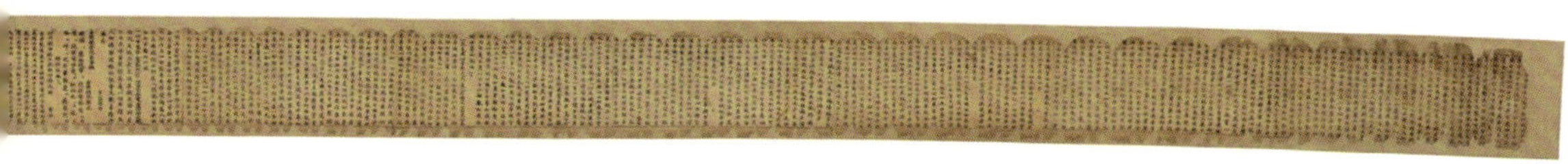

图 8-28 《金刚般若波罗蜜经》修复后效果图

经测量，修复后的《金刚般若波罗蜜经》展平并加护首、拖尾后长 382.9 厘米，宽 27.1—28 厘米。

第九章　佛经的收存方式和保存环境

一、收存方式

1. 收卷方式

（1）《佛说弥勒上生经》收卷方式

在收藏经卷的方式上广泛参考了以往敦煌经卷的收藏方式以及国内外的卷轴收纳方法。《佛说弥勒上生经》尾部保留有较完整的原木轴芯，原来的方法是经卷纸张紧紧围绕木轴收卷保存。鉴于原杆直径过细，佛经如按原方法卷起会导致尾部纸张弯曲度过大，且纸张柔韧性并不很好，极易造成新的折痕，形成二次损伤。因此，修复人员最终为《佛说弥勒上生经》设计出了专用“轴套”以便更好的保存（如图 9-1）。

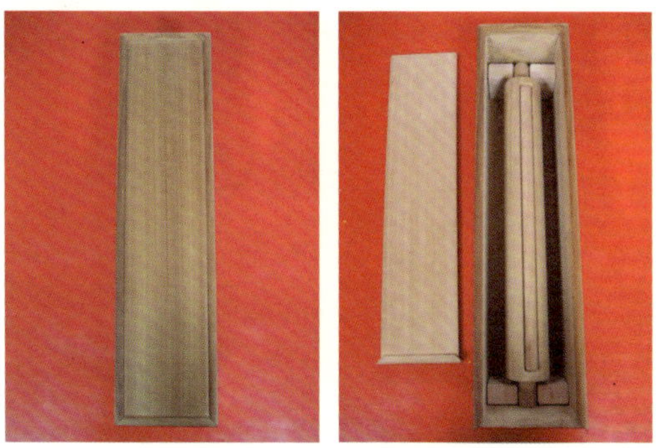

图 9-1　轴套外观及尺寸图
外 43×11×11 厘米　内 41×9×9 厘米

图 9-2　凹槽宽度 1.5 厘米

轴套材质选用挥发物低、不易变形的楠木，经测量、绘图、车削、打磨、抛光后制成。轴套直径 4 厘米，宽度较之佛经原轴明显加粗，同时在轴身上挖一道凹槽，尺寸比原轴略大。凹槽正好可以容纳原杆镶嵌到轴身内部，同时保持整个新轴套表面平滑。在收卷时，先将原杆卧入槽中，再将佛经围绕轴套进行收卷（如图 9-3）。

图 9-3　收卷方法示意图

这样收藏起来的手卷大大减少了收卷圈数，降低了纸张的弯曲度，对经卷原轴杆也起到了保护作用，为《上生经》的长久保存取得了良好的效果。

为避免收卷过程中轴套对佛经尾部造成磨损，选用比经卷略宽的乾隆高丽纸作为衬纸卷在卷尾端。同时，卷首端亦加配乾隆高丽纸作为包首，如图 9-4。以此种方式收卷佛经，既可以使佛经的收卷更为平缓，同时也有利于原轴的保护。而乾隆高丽纸纸质相对柔软，韧性较好，适合长久的伸卷及保存。

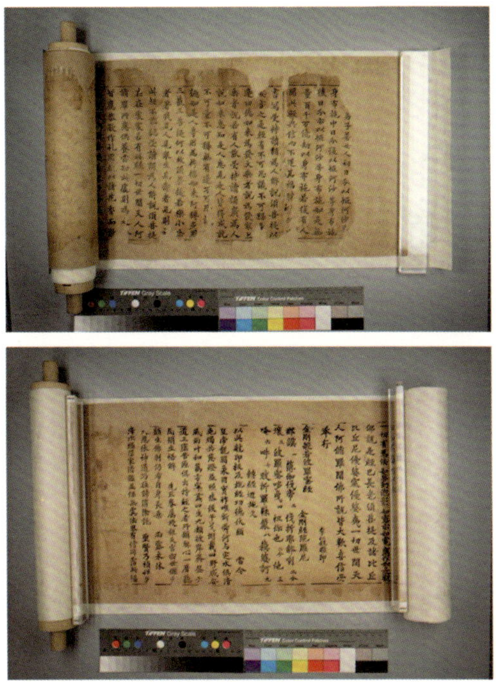

图 9-4　卷首卷尾示意图

（2）《金刚般若波罗蜜经》收存方式

《金刚经》尾部纸张残损，原来的手卷木轴已遗失。依照以往的收藏方式应制配新的木杆作为轴芯。但与《上生经》相仿，鉴于这种木杆直径过细，易导致尾部纸张弯曲度过大，进而造成二次损伤。遂将加配的楠木轴尺寸加粗，在宽度、外观上与《上生经》的轴套保持一致。

裁好、压平后的经卷也在卷尾、卷首配以两段略宽的乾隆高丽纸作为衬卷的材料和包首纸，以减少纸张间的相互摩擦。

2. 装具

新的装具将与佛经组成一个整体，长期共存。对于佛经的保存、使用以及价值体现都发挥着长期、重要的作用，是整个佛经保存、保护系统中的重要一环。

（1）装具功能设计

在确定佛经装具设计方案时，修复人员对佛经装具提出了以下功能要求：

1. 装具必须与佛经的外形相适应，必须有利于佛经平稳放置及无障碍存取；

2. 装具内腔尺寸不可过大，以避免佛经在搬运过程中产生较大幅度晃动；也不可因过小而对佛经产生挤压、磨损；

3. 装具要有较为坚固的结构，较长时间内不易变形开裂，要能够承受住一定强度的外部压力或撞击力；

4. 装具要有较好的密封性，在防水、防虫、防腐等方面要有相应考虑；

5. 应具备名称信息标注功能，便于佛经的查找。亦要便于佛经与装具的一一对应，避免放错装具；

6. 应避免结构过于复杂，妨碍定期清洁和维护；

7. 应既能体现佛经价值，又避免过于奢华。

（2）装具结构

两卷经卷与敦煌佛经的装帧形式基本一致，因此沿用了经过长期实践检验、各项效果良好的木函为存储方式。木函外观为长方形，长 43 厘米、宽 11 厘米、高 11 厘米。四壁及底板为榫卯铰接，无金属构建，上侧木板可以从侧面抽取，方便开合。

依照佛经收卷后的尺寸设定木函内经：长 41 厘米、宽 9 厘米、高 9 厘米。佛经放入木函内后四边留有 2 厘米余量，既不会挤压佛经，也不会有过大的空隙。函内配有可拆卸的木轴支架，采用轴头卡位方式对佛经进行

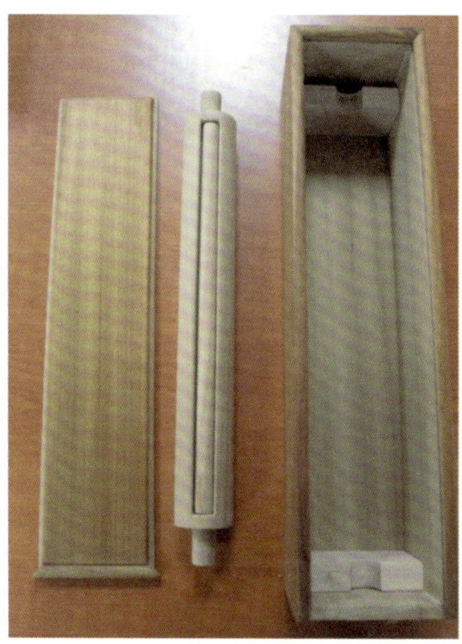

图 9-5　木函主要结构图

固定。木函的主要构成有如图 9-5 所示。

（3）装具的选材

中国古代的函套以木制为多，在选用材料的时候

会选择红木、楠木、樟木、楸木等坚固耐用，且本身防潮和防虫效果比较好的木材。此次木函制作，在材质选用上亦参考国图藏敦煌佛经木函材质，以楠木作为制函材料。

（4）装具的外观设计

装饰等外观设计方面，木函选用木质本色，以涂蜡工艺做抛光处理，未添加额外造型装饰。既符合端庄、平和、素雅的佛教艺术特征，同时带给人古朴稳重、内涵大气的视觉感受，彰显出佛经的重要价值。

二、保存环境

修复好的佛经日常保存于国家图书馆善本书库内，保存环境条件为：温度 20 ℃，日波动在 2℃以内；相对湿度控制在 45%—55%，日波动在 5% 以内。避免阳光直射；照度灯光指标：光照度控制在 50Lx 以下，紫外强度控制在 20 μW/LM 以下。

总 结

一、此次佛经修复工作，依托古籍保护科技文化和旅游部重点实验室的先进仪器设备，由国家图书馆的青年古籍保护修复人员独立完成了佛经原件及补纸纸张成分检测，佛经用纸涂布材料分析，原件与补纸色差分析等一系列科学检测工作，体现了国图古籍修复工作向更深更广领域发展的最新动向，也向外界全面展示了新一代古籍保护修复人员的综合科研能力。

二、首次尝试将自行抄造修复用纸用于藏品修复。此次修复过程中，为进一步提升修复效果和修复效率，修复人员首先根据佛经原件用纸的纤维成分、纸张厚度、帘文宽度等指标参数自主开展了修复用补纸小样的抄制实验。在取得了满意的效果后，聘请专业抄纸技师，按照修复人员提供的纤维成分配比、纸浆用量、帘文样式等相关指标参数，采用古法手工造纸工艺批量抄制修复用补纸。采用此种方式为佛经配置修复用纸，一方面大幅提升了修复用纸与藏品原件的匹配度，同时，节省了修复人员用于寻找理想补纸的时间，提高了修复效率。

三、此次制作装具在吸收敦煌遗书装具样式优点的基础上，针对三件佛经的具体特点，用了更为科学合理的夹套收纳形式，既保留和保护了佛经原有的细木杆，同时又避免了由于佛经卷尾收卷过紧对佛经造成新的折痕。

四、古籍专家全程参与修复，为修复工作的顺利进行和最大限度保留藏品原始信息提供了保障，使修复和研究有机融合在一起。

后 记

我们编纂的《国家图书馆古籍修复案例丛书》又出新书了——《中国国家图书馆三件早期雕版印刷佛经修复与保护》。每一次修复案例的出版，都会经过修复方案的制定、修复过程的详细记录、图片的拍摄和文稿的组织、编纂、审核、校对等过程。而她的公开出版，犹如将精心培育的成果推向社会，接受行业的检验，欣喜中不免忐忑。

此案例的修复对象为2015年国家图书馆入藏的早期印刷佛经。这是继敦煌遗书修复工程后，国家图书馆针对佛经类文献保护修复工作开展的又一重点修复项目。在继承以往宝贵经验的基础上，此次修复工作融入了最新的修复材料、技术手段和文献保护理念，达到了预期的修复效果，并取得了多项技术成果，是传统古籍修复技艺与现代科技手段相结合的成功实践。在先期对文献用纸的成分、厚度、帘纹样式、定量等关键数据进行详细检测后，修复人员按照检测数据，对文献用纸进行了再造复制；为保证补纸颜色与佛经协调一致，修复人员查阅文献资料，选用古法植物染料对补纸进行染潢，并使用色差仪反复试验对比；为探清佛经粘连区域内部情况，启用了红外相机进行观测。这些手段，使得本次修复工作不仅最大限度地做到了“修旧如旧，最小干预”，而且使国图古籍修复工作的科研水平迈上了新的高度，为今后更加科学、规范地开展大型文献修复项目奠定了基础。

此次修复，对国图古籍修复人才培养工作也有着极大的推动作用。在项目团队人选上，一方面延请边沙、李英等多位具有35年以上修复经验的修复专家，他们倾尽全力，施展技艺，保证修复工作高标准实施。另一方面，大胆启用多名青年修复骨干，采用新老配合、以老带新的方式，让青年修复人员充分参与重点藏品实际修复，使其在技能、经验、学术和自信心方面均得到了显著提升。

此次修复能够顺利完成，得益于相邻科组的共同研究讨论，得益于李致忠等专家的学术指导，得益于各级领导的科学决策和支持。修复人员严谨的治学态度、高超的修复技艺、精益求精的工匠精神，在此次修复案例中也得到了充分展示。现通过此书的编辑出版，全面总结此次修复工作，希望通过其中较为详实的资料，与业内同仁分享，并接受方家严格检验，以共谋发展、有效提升修复行业的水平。

胡　泊

2019年4月